【改訂版】

ペスタロッチーのシュタンツだより

クラフキーの解釈付き

Pestalozzi über seine Anstalt in Stans

Mit einer Interpretation von Wolfgang Klafki

ヴォルフガング・クラフキー 著
森川 直 訳

東信堂

ヴォルフガング・クラフキー著　森川　直訳

ペスタロッチーのシュタンツだより［改訂版］

――クラフキーの解釈付――

Pestalozzi über seine Anstalt in Stans

Mit einer Interpretation von Wolfgang Klafki

6. überarbeitete Auflage 1992

by arrangement through Orion Literary Agency, Tokyo

Published by TOSHINDO PUBLISHING CO., LTD.

1-20-6, Mukogaoka, Bunkyo-ku, Tokyo, 113-0023, Japan

日本語版への序（一九九五年）

ペスタロッチーの著作『シュタンツだより』すなわち『シュタンツ滞在について一友人に宛てた手紙』(*Brief an einen Freund über seinen Aufenthalt in Stans*, 1799)についての私の解釈は、一九五九年に初版が出版された。本書の日本語版が刊行されるにあたり、友人の森川直氏の翻訳の労に対して心から謝意を表したい。同時に、氏がこの翻訳の仕事を、一九九四年のドイツ、特にマールブルク大学における留学の成果の一つとして成し遂げられたことに、心からの祝福を送りたい。私がこの間に氏と教育学の諸問題、とりわけペスタロッチー研究の問題について対話を行うことができたのは、日独の教育学者のあいだに幅広い意見交換の場があったからである。私は、このような意見交換に、およそ二十五年来かかわってきている。こうした交流を通じて、教育科学および教育実践の観点から見た国際的な理解や協同がいっそう促進されるであろう[1]。

＊この日本語版への序において、私は「一九七五年の改定版への序」（70頁以下参照）を補足する。それゆえ、あの「序」を最初に読むことが目的に適っている。

ペスタロッチーは、ドイツ語圏の教育学の視座からだけでなく、国際的にも依然として教育学的思考の古典的人物とみなされている。私があえてこのように言うのは、よくあるお定まりの文句を繰り返すためではない。むしろ、そこに内容豊かな問題史的意義が含まれているからである。文化的発展の他の領域、例えば科学的創造や芸術的創造のさまざまの分野と同様に、教育学においても次のことが言えよう。もし教育学的思考の歴史や、場合によっては教育実践に、その時代はむろん、現在にいたるまで広く影響を及ぼしている基本的に新しい問題設定の仕方や物の見方や考え方の端緒、およびこれらと関連して新しい基礎概念を多く導いた人がいたとすれば、そのような人々は「古典的人物」として示され、その作品は「古典的」として規定される。言い換えれば、「古典的」著者ないし「古典的作品」とは、歴史的過程において教育理論を新たなレベルへ導くものであり、場合によっては教育実践への新たな展開をも導くものである。その場合「古典的なもの」の価値は、著者が存命中にすでにその作品に認められることが多いが、後の世代によってはじめて認められる場合も少なくない。後の理論家や実践家の役割は、教育学の古典的人物が問題設定をしたレベルに準拠して、その都度「課題解決」（ヘーゲル流に言えば）を行うことである。そのためには、彼らは、まずそのレベルに達することが必要である。その上で、場合によってはそれを越えなければならない。当然、「古典的人物」によって定式化された問題解決の試み、つまり彼らの解答には興味深いものがあるはずだが、それを決定的なものとして考える必要はない。彼らの解答は、別の経験や探究や思考過程から見れば、時代的な制約を受けたものであることが証明される。というのは、解答が与えられた後に新たな発展や認識によって時代遅れになった一定の前提にしばられているからである。この意味で、古典的人物や彼らのテクストとの正しい交わり方は、彼らの問題解決の試みをそのまま繰り返したり、独断的に踏襲するのではなく、彼らの問題設定を拠り所にして、別の生産的な思考を行うことであり、彼らの問いに対して、現時点での刻々の諸条件に対する自立的な転移を図ることである。それとともに、「古典的」な設問に対する射程距離や限界、さらにはそれに関連した解決の提案を批判的に吟味することも必要である。その際、補足とか二者択一とかいった観点からの考察も当然その中に含まれる。

ペスタロッチーはこの意味で、教育学の理論と実践に関わる多くの次元にとって一人の「古典的人物」とみなすことができる。これらの次元の一つが、道徳的・社会的教育の問題であるのは明白である。子供や青年の社会的関係において道徳的自己責任をもつ人格への発達が教育学的に支援されるべきものとして理解される。この点で、『シュタンツだより』は中心的なテクストの一つと言える。私はそれを、―その問題設定に関しても、その解決の提案の多くのものに関しても―依然として解釈されるにふさわしい一つの記録とみなしている。そのかぎりで、ここではごく簡単に、若干の観点を示しておこう。

道徳的・社会的教育は、子供や青年の経験というものを前提としている。それは、一人ないし幾人かの関係者が彼らの側に立って取り組むなかで、彼らを人格とみなし、まじめに受け入れ、理解しようとするとともに、彼らに信頼を捧げ、護り、彼らの基本的な諸要求をその都度与えられた条件のもとで可能なかぎり十分に満足させようとすることである。このような基礎の上にはじめて、若者たちに社会的・道徳的諸要求を課すことができるし、また課していかねばならない。また道徳的諸課題をも彼らに要求しなければならない。この結果、彼らはこうした課題を達成することができ、彼らの道徳的能力への信頼、すなわち道徳的自己信頼を獲得することができるのである。

道徳的・社会的教育がめざしているのは、—近代世界において、また人間が原則的に潜在的能力をもった人格として承認されるところではいたるところで—個々人の道徳的・社会的自立、つまり道徳的自己責任をその社会的つながりの関連のなかで喚起することである。それゆえ、自己の知見と確信から行動し、つねに「自然の作品」や「社会の作品」でありながらも、「自己」つまり「自己自身の作品」になることができる可能性を喚起することである。このような中心思想を、ペスタロッチーは一七九七年の彼の人間学的主著『人類の発展における自然の歩みについての私の探究』(*Meine Nachforschungen über den Gang der Natur in der Entwicklung des Menschengeschlechts*)のなかで定式化した。そして二年後には、シュタンツだよりのなかで叙述された教育構想において、それらを統合した。

以上概観したように、ペスタロッチーの思想には継続的な意味があるという私のテーゼは、現代の別の著者たちによっても証明されるように思う。一つの事例をあげよう。ドイツの教育学者L・ヴィンターハーガー・シュミット女史は、ドイツのアルタナティフ・シューレ、つまりハノーヴァーの「グロックゼー学校」などの構想にみられる精神分析的思考要素に関する一九九三年の論文のなかで、ペスタロッチーを回想した[2]。教育学の一層の発展のために、彼女は学校の同僚に精神分析の一定の理論的部分についての特別の提案を行っている。すなわち、S・フロイトによる発達段階の一つでもあり、さらにA・フロイトとF・レドルのような著者たちのフロイトに対する結びつきのなかで展開された自我―心理の刺激を役立てるようにすすめたのである。ヴィンターハーガー・シュミット女史は、この関連において「うまくいった結合と剥離《はくり》の過程を通じた自我―強化」の精神分析的プログラムを「善良で年とったペスタロッチーの人間学」の中心的な要素に結びつけること、まさに人間は自己責任ある行為者としての「自己自身の作品」であり得る、という思想に結びつけることに賛意を示している。

道徳的・社会的教育における三つの要素の関連についてのペスタロッチーが示した認識は、現実的な意義を損なわない「古典的」識見として、まさに妥当である。つまり若者たちが自己自身の道徳的・社会的可能性に向けて要求できるために経験すべき信頼的、支持的な施与の愛の経験、自己の行為におけるこの可能性の吟味、さらにはその一般的な内容を意識に結びつけ、道徳的判断力を発達させるための行為経験の反省である。これら三つの要素の関連についてペスタロッチー的解釈の限界がどの点にあるかを、私はすでに「一九七五年の改訂版への序」のなかで強調した（70頁以下参照）。

理論史的に見た場合、シュタンツでペスタロッチーが展開した道徳的・社会的教育の構想に含まれる別の要素、言い換えれば若者たちの同胞性、責任と識見のある判断力、行為力への教育もまた、依然として重要である。ペスタロッチーのシュタンツでの彼の子供たち―戦争という出来事によって彼らの家庭的な生活連関から引き裂かれてしまった孤児たちや子供たち―に対する関係における人格としての傾注は、非常に強力であったし、またそうならざるを得なかった。ペスタロッチーの影響は、最終的にはシュタンツにおいて次第に共同生活の発展をめざした点にあることは明らかである。そのなかで子供たちの社会的、情緒的、道徳的関係が相互に教育過程を支える基礎になるべきであった。シュタンツの五カ月間の活動のなかで、この遠大な目標の最初の端緒が方向づけられたにすぎない。この点について、次のようにも言われる。すなわち、「父親」としての子供たちに対する強力な結びつき、それとともに与えられた彼への依存は、一歩ずつ子供たちが離れ自立する過程によって補われなければならなかった、ということである。

ところで、道徳教育についての今日の討議に関して、ペスタロッチーの構想をある計画と比較してみることは、非常に興味深いことであろう。すなわち、その計画は、西洋世界のいくつかの国々において、またドイツにおいても二十年来特に強力に議論されており、その一部は学校や学校外の青年活動の領域において実践的に試みられている。私はここで、アメリカの心理学者で教育学者でもあるL・コールバーグと彼の協力者によって展開された「公正な共同体」(gerechte Gemeinschaft)[3]の概念を挙げることにする。

コールバーグは、子供の認知発達のJ・ピアジェ心理学に結びつけて、六段階（後に七段階）からなる道徳意識の発達について、合法則的な連続の理論を展開した。この理論を一部は実験的な考察によって検証もしている。彼が構成した連続的な段階には、児童期や青年期における年齢相応の道徳的発生だけでなく、大人の発達の可能性も含まれている。しかも重要なのは、道徳的な判断や行為の質的レベルの連続ということである。人間がその発達過程においていかなる段階にまで到達するかは、本質的に、人間がそのなかで成長し生活する社会的・文化的諸条件に依存しており、また教育的な刺激や援助に依存している。その最も高い段階は、コールバーグによれば、人間を特徴づける一般的、普遍的な原理の洞察に基づいて道徳的に判断し行動する、ということによってである。本質的に重要なのは、人権の平等の原理であり、個人格としてのあらゆる人間の品性を承認する原理なのである。

コールバーグと彼の後継者は、この基礎の上に「公正な学校協同」の教育学的概念を展開し、一連の学校において実験を試みた[4]。重要なのは、一つの学校モデルである。そのなかで、生徒および教師たちが学校生活や授業にとって妥当な規則をその都度共通に結合することができ、実験し、反省し、必要に応じてさらに発展させ、彼らが道徳的判断と行動のより高い段階を徐々に達成していくのである。

コールバーグの概念について、活発で批判的・生産的な討議が、ドイツでも一九七〇年の終わり以降みられたが[5]、おそらくシュタンツだよりにおけるペスタロッチーの構想をコールバーグの端緒との比較を通じて、これらの討議を継続することができるであろう。

この序を終えるにあたって、別の切実な要求を示唆しておきたい。今日の道徳的・社会的教育の課題に対して、シュタンツだよりのなかで叙述されたペスタロッチーの経験や熟考がもつ意義や限界について取り上げることは、一つの困難な課題である。それは個々の文化や国家や社会の観点からのみ成し遂げられるのではなく、つねに国際関係の観点や異文化教育の必要性の観点から考えぬかれねばならないからである。その課題は、もし道徳的・社会的教育についての教育学的反省と実践的端緒の包括的な問題史―少なくとも一八世紀後半以降―およびこの枠内においてペスタロッチーの理念や動機や経験の影響史もまた存在するならば、現在以上によく解決されるであろう。確かにペスタロッチーは、道徳的・社会的教育の構想を『シュタンツだより』のなかだけで描いたわけではないが、この構想はあの著作においてその最も熟した模範的な表現を見出したのである。

注

1 私はこの関連において、私の教育科学論文が日本語で公にされている二冊の書物について言及したい。すなわち、小笠原道雄氏と森川直氏その他によって翻訳された『批判的・構成的教育科学』、黎明書房、一九八四年、および『教育・人間性・民主主義―W・クラフキ講演録』、W・クラフキ／小笠原道雄編、玉川大学出版部、一九九二年である。

2 Luise Winterhager-Schmid: Idealisierung und Identifikation. Psychoanalytische Anmerkungen zur Pädagogik der Glocksee-Schule. In: *Die Deutsche Schule*, 1993, S. 123-140, bes. S. 140.

3 L. Kohlberg: *The psychology of moral deveropment*. San Francisco 1984. L. Kohlberg und E. Turiel: Moralische Entwicklung und Moralerziehung. In: G. Portele (Hrsg.): *Sozialisation und Moral. Neuere Ansätze zur moralischen Entwicklung und Erziehung*. Weinheim/Basel 1978, S. 13-80. その他を参照のこと。

4 L. Kohlberg, E. Wassermann, N. Richardson: Die Gerechte Schul-Kooperative. Ihre Theorie und das Experiment der Cambridge Cluster School. In : G. Portele (Hrsg.) : *Sozialisation und Moral. Neuere Ansätze zur moralischen Entwicklung und Erziehung.* Weinheim/Basel 1978, S. 215-260.

5 事例として、“Zeitschrift für Pädagogik” の主論文 “Moralische Entwicklung und Erziehung” (1979, H. 4. S. 505-588.) を取り上げる。特に Günter Schreiner の論文 “Gerechtigkeit ohne Liebe - Autonomie ohne Solidarität?- Versuch einer kritischen Würdigung der Entwicklungs-und Erziehungstheorie von Lawrence Kohlberg, S. 505-528.” さらに “Georg Lind und Jürgen Raschert (Hrsg.) : *Moralische Urteilsfähigkeit. Eine Auuseinandersetzung mit Lawrence Kohlberg über Moral, Erziehung und Demokratie.* Weinheim/Basel 1987” を参照のこと。

目次／ペスタロッチーのシュタンツだより［改訂版］

日本語版への序（一九九五年）……3
ペスタロッチーの『シュタンツだより』
──シュタンツ滞在について一人の友人に宛てたペスタロッチーの手紙（一七九九年）……17
ヴォルフガング・クラフキー
ペスタロッチーの『シュタンツだより』の解釈……69
一九七五年改訂版への序……70
一　序文……74
二　解釈の前提……76
（1）　シュタンツの実験をめぐる外面的歴史……76

(2) 手紙の構成……79
三　内容の体系的な解釈……82
(1) 出発の状況……82
(2) 道徳教育の方法……96
第一段階　多面的な配慮―こころを開くこと―信頼の覚醒　99
第二段階　道徳的行為　104
処罰についての余論　112
第三段階　反省　115
(3) 教授経験と教授原理……123
注……125
改訂版あとがき……131
訳者あとがき……133
索引……144

ペスタロッチーの『シュタンツだより』

友よ、私が再び夢から覚めてみますと、私の仕事がまたしても打ち壊され、私のなけなしの力は、いたずらに使い果たされていたのです。

しかし、たとえ私の試みがどんなにもろく、またどんなに不運だったとしても、私の試みの地点にしばし立ち止まり、私が確信している根拠についてじっくりと考えてみることは、人間愛のこころをもった人なら誰にでもきっと役立つことでしょう。私の確信するところによれば、幸せな後世の人たちが、いつの日か私の希望の糸を、私が失わざるを得なかったところで再びしっかりと結びつけてくれるであろうと思います。

私は、革命のすべてはその根源から見て、放置された人間性から生じる当然の結果であり、すさみきった人々を彼らの最も大切な問題に対する慎重な態度に立ち戻らせるには、革命による損傷は避けがたい必然的なものとみなしました。

このような多くの人々が自ら生み出すことができるであろうような政治形式の外面的なものなど私は信じませんでしたが、この人々によって議事にのせられた二、三の概念や、この人たちが喚起した関心は、ここかしこに人類にとって何か善いことをもたらしてくれるのではないかと思いました。

だから私は、私のかねてからの民衆教育の希望をできるだけ広めましたし、とりわけ私の考える全範囲にわたってルグラン（当時スイスの執政官の一人であった）に打ち明けました。彼はそれに関心を示しただけでなく、共和国にとって教育制度の改革が絶対に必要だ、という私の判断に同意しました。そして次の点で私の意見と一致しました。すなわち、この国の最も貧困な子供たち一人一人をできるだけ十分に教育することによって、彼らが自分の階級から引き離されるのではなく、むしろその階級にしっかりと結びつけられるとき、民衆教育の最大の効果が得られるであろう、ということです。

私は自分の希望をこのような見地に限りました。ルグランはそれを全面的に支援してくれました。彼はこの見地を非常に重要なものとみなし、あるとき私に次のように語ってくれました。「たとえ僕がいまのポストを去ることがあっても、君の仕事が軌道に乗ってからにするよ」と。

私は貧民の公的な教育に関する私の計画について、『リーンハルトとゲルトルート』（初版）の第三部と第四部で詳しく述べましたので、その内容を繰り返すことはいたしません。私は希望がかなえられそうで、この上ない熱意をこめてその計画を文部大臣シュタッパーに提案しました。彼は、民衆教育の必要性をきわめて本質的で高い見地からとらえている高貴な人物でしたから、私の計画を熱心に支援してくれました。内務大臣のレンガーもまた、同様でした。

私の目的を達成するために、私はチューリヒ地域もしくはアルガウに、ある場所を選ぶつもりでした。その場所は地方の利点、つまり工業や農業を外的な教育手段と結びつけることによって、私の施設を拡張し、その内的な目的を完成するのを容易にすると考えられたのです。ところが、ウンターヴァルデンの大惨事(一七九八年九月)が、私の選ばなければならない場所を決定することになりました。政府はこの地域の復興を支援することが緊急事だとみなしました。そこで一度私の企てを試してみないか、と私に依頼してきたのです。でもそこには、ちょっとした方法でもよい結果を促すであろうような一切のものが実は何ひとつなかったのです。

私は喜んでそこへ赴きました。私はその地方に欠けているものを人々の無邪気さで補い、その貧困のなかで感謝の基礎となるものを見出せるであろう、と期待しました。私の生涯の大きな夢の実現にいよいよ着手できるのだという感激で、私は一度仕事をはじめたら、最高峰のアルプスの山中で、たとえ火や水がなかろうとも仕事にとりかかるほどでした。

政府は、シュタンツの修道女(ウルスラ会修道女たち)の新館を住居に割り当ててくれました。しかし、この建物は私が到着したときに一部はまだ出来上がっていませんでしたし、一部はかなりの数の子供たちの孤児院のために少しも整えられてはいませんでした。それゆえ何はともあれ、建物を使える状態にしなければなりませんでした。そのために、政府は必要な用意をしてくれました。レンガーは、費用と労力を惜しまず事に当たってくれました。おおむね政府は、必要な設備を整えるために、お金のことで私を困らせるようなことはありませんでした。

しかし、どんなにやる気があっても、またいくら支援があっても、施設の準備には少なくとも時間が必要でした。ちょうどこの施設は、一部は浮浪児たち、一部は先の流血事件によって親をなくした孤児たちの多くをいち早く世話することが必要でしたので、一刻たりとも猶予はできませんでした。

必要なお金は別として、すべてのものが不足していました。子供たちは台所も部屋もベッドも整えられていないうちに、そこへ殺到してきました。そのことが、仕事の第一歩を信じられないほど混乱させました。私は最初の数週間は、二四シュー四方(約一五坪―訳者注)もない一室に押し込められていました。建物の空気は不健康で、悪い天候がそれに拍車をかけ、すべての廊下に充満していたほこりのために、最初の不快さはいよいよ耐えがたいものとなりました。

初めのうちは夜のベッドが不足していたので、かわいそうな子供たちの一部を家へ帰さねばなりませんでした。この子供たちはみな、朝になると案の定ダニやシラミにかかって戻ってきました。この子供たちのほとんどは、この施設へ入ってきた当時、人間性がないがしろにされると誰でもそうならざるを得ないようなひどい状態でした。ほとんど歩行もできないほど根のはった疥癬《かいせん》(かゆみの激しい皮膚病―訳者注)にかかって入って来た者も多くいました。頭にできものができてただれている者も多く、ダニやシラミのたかったボロ服を着た者や、骸骨のようにやせ衰え、顔は黄色っぽくなり、歯をむきだしにし、不安に満ちた眼をして不信感と心配でしわだらけの顔をしている者も多くいました。厚かましくふるまい、物乞いし、猫をかぶり、どんなだましにも慣れきった者も少しはいました。また、貧しさに押しつぶされて、我慢強いが、疑い深くて思いやりがなく、また臆病な者もいました。彼らに混じって、かつては楽な境遇で暮らし甘やかされた子供も少しいたので、これらの子供たちは要求がましく、ぐるになって乞食の子供や貧しい家の子供たちを軽蔑しました。彼らはここで新たに受ける平等な扱いをあまり快いものとは思いませんでした。現にある貧民に対する配慮は、彼らがかつてあじわった享受にそぐわなかったので、彼らの期待にそうものではありませんでした。怠けて働かないこと、精神的資質ならびに基本的な身体的技能の練習不足も、共通していました。一〇人の子供のうち誰一人としてＡＢＣを知りませんでした。他の学校の授業や教育の基本的な陶冶手段については、言うまでもありませんでした。

しかし、学校教育がまったく欠けているということは、ちっとも私に不安を感じさせませんでした。神が最も貧しい見捨てられた子供たちにも与えられた人間の本性の諸力を私は信じていましたので、この本性は粗野と野蛮と混乱のぬかるみの中にあってもきわめて立派な素質と能力を発展させるということを、私のこれまでの経験が教えてくれました。それればかりではなく、私は子供たちのなかに、その粗野のなかでこれらの本性の生き生きした諸力がいたるところで発現するのを見出しました。私は事物の最も本質的な関係を人間に直観させ、健全な感覚や生まれつきの才知を発展させ、なるほど現在のところどん底のなかで塵に覆われているように見えはするが、この環境のぬかるみの中から浄化されて明るい光で輝き出す諸力を活気づけるために、生活そのものの必要と要求がどんなに役立つかということを知りました。私がなそうとしたのは、そのことなのです。このようなぬかるみの中からその諸力を取り出し、単純ではあるが純粋な家庭的環境ないし家庭的関係のなかにそれを移し変えようと私は思いました。私にはただそれだけが必要で、それは高い感覚となり、活動力となってあらわれ、精神をできるだけ満足させ、その最も内面的な傾向において心情に訴える一切のことがらに対して役立つであろうことを確信しました。

こうして私は、自分の希望がかなえられることを知り、あたかも、春の陽光が冬の凍てつく大地を溶かすように、私のこころが子供たちの状態をすみやかに変えるであろうことを確信したのです。

私は間違ってはいませんでした。春の陽光が山々の雪を溶かさないうちに、私の子供たちは見違えるようになりました。

しかし、私は先を急ごうとは思いません。友よ、私はあなたに私の植物（子どもたちのこと―訳者注）の成長ぶりをご覧いただこうと思います。私がわが家の建物にそってすくすく伸びる瓢箪を夕方ときどき眺めたときの様子と、しばしばこの瓢箪の葉にたかって、その芯をさえ蝕むこともまれではなかった害虫のことも、包み隠さずお話ししたいと思います。

ただ一人の家政婦のほかは、子供たちを教えたり、彼らの身のまわりの世話をしたりするのを助けてくれる人もないままに、私は子供たちのなかに入っていき、私の施設を開きました。わたしはそれを一人でしようと思いました。私の目的を達成しようとすれば、どうしても一人でせざるを得なかったのです。神がお治めになるこの地上で、授業に関して、また子供たちの指導に関して私の見地を擁護しようとする人は、誰もあらわれませんでした。また、たとえ私の見地を擁護しようとする人がいたとしても、私は当時ほとんど誰も知りませんでした。私となんらかのつながりのあった人々は、たいてい学識と教養が高くなればなるほど、ますます私を理解しなくなり、私がそこに立ち返ろうとした出発点をしっかりとらえることもできませんでした。施設の事業のいろんな設備や諸々の必需品などについての見解はすべて、私の見解とはまったく異なっていました。だが彼らが最も強く抵抗したのは、いかなる人為的な方法にもよらず、ただ子供たちを取り囲む自然や毎日の要求や彼ら自身を動機づける活動を陶冶手段として利用するという私の考えやそれを実行する可能性に対してでありました。

だが私の事業を完全に遂行するための基礎は、まさにこのような考えにあったのです。この考えはまた、他の多くの観点がそこに連なり、そこから発展していくいわば中心点でもあったのです。

そんなわけで、教養のある教師たちを、私はたよりにすることができませんでした。粗野で教養のない人たちは、なおさら役に立ちませんでした。私はある助力者にゆだねられる一定の確実な糸をなんらもってはいませんでした。同様に、私の考えや進め方を具体化することのできる事実も直観の対象もほとんど持ち合わせてはいませんでした。だから、私が欲しようが欲しまいが、まず事実を自分であげなければならず、また、この点に関して他人の援助をあてにするまえに、私が為し処理するものによって、私の見解の本質を明らかにしなければなりませんでした。だれもこのような立場にある私を、ほんとうに助けることはできませんでした。私は自分自身を助けねばならなかったのです。

私の確信は、私の目的と一致しました。

私はもともと、公の教育は家庭教育のもつ長所を模倣しなければならないということ、また前者は後者を模倣することによってはじめて人類に貢献するということを、私の実験によって証明しようと思っていたのです。

人間の教育に必要な全精神を包含することのない学校の授業、また家庭的関係の全生活に基礎を置かない学校の授業は、私の見るところでは、わが人類を人為的に萎縮させる方法へと導く以外にはないと思います。

あらゆるよき人間教育は、居間における母親のまなざしが、毎日毎時その子供の精神状態のあらゆる変化を確実に自分の眼で、自分のくちびると自分の額で読みとることを求めます。

それは本質的に、教育者の力が純粋で、家庭的関係の全範囲にわたってあまねく活気づける父親の力であることを求めます。

このような基礎の上に、私は立っていたのです。私のこころは私の子供たちに愛着しており、彼らの幸せは私の幸せであり、彼らの喜びは私の喜びであるということ、そのことを私の子供たちは朝早くから夜遅くまで、いついかなるときも私の額に見、私の唇に感じとるはずでした。

人間は好んで善を欲します。子供もまた、好んで善に耳を傾けます。だが、教師よ、それはあなたのために欲するのでもなければ、教育者よ、あなたのために欲するのでもありません。子供は自分自身のためにそれを欲するのです。あなたが子供を善へと導かねばなりませんが、それは決してあなたの気まぐれや激情から出た思いつきであってはなりません。それは事柄の本質上それ自体善であり、子供の眼に善として映らねばなりません。子供が善を欲するまえに、子供はあなたの意志が必要であることを、自分のまわりの状況や自分の必要から感じとっていなければならないのです。

子供は自分が愛する一切のものを欲します。彼に名誉をもたらすもの、彼のこころのなかに大きな期待をいだかせるものなら何でも欲します。彼のなかに力を生み出し、「ぼくにそれができる」と言わせるものなら何でも欲します。

しかし、この意欲は言葉によって生み出されるものではありません。それは、あらゆる方面、この多面的な配慮によって彼らのこころに喚起される、感情と力によって生み出されます。言葉は事柄そのものを生み出すのではありません。事柄をはっきりととらえる意識を与えるにすぎないのです。

ですから、私は何よりもまず子供たちの信頼と愛着を得ようと望みましたし、またそうせざるを得ませんでした。それに成功しさえすれば、ほかのすべてのことがおのずからうまくいくだろうと確信しました。友よ、私の置かれていた境遇と民衆や子供たちの気持ちを考えてみてください。そして、その際いかなる障害を私が克服しなければならなかったかを感じとっていただきたいのです。

不幸なこの地は、火と剣によって戦争のあらゆる恐怖を経験しました。ほとんどの民衆は、新憲法を嫌っていました。彼らは政府に対して憤激し、彼らに対する援助でさえ疑惑の目で見ていました。生まれつきの憂鬱な性格から、彼らはよそから来たものはすべて新しいものとして嫌い、辛辣な疑い深い頑固さで、昔ながらの惨めな生活の全領域に執着していました。

私は彼らのあいだでは、新体制のとりまきとみなされました。なるほど私はその手先としてではありません。しかし、一方では、彼らの不幸に関係した人々の手先とみなされました。また他方では、多様に入りまじった彼らのどんな見解や願望や偏見にも満足を与えなかった人々の手先ともみなされました。このような政治的不協和は、さらに非常に強い宗教的不協和によって強化されました。

人々は私を、子供たちにわずかばかりの善を施して、彼らの魂の救済を危険に陥れる異端者のような人間とみなしました。これらの人々はいまだかつて、公職にある改革教徒が教育者として、教師として子供たちのなかに住んで活動するのを見たことがありませんでした。しかも、この時代は、政治的な戦慄と臆病と一部は偽善とが一緒くたになって、長らくシュタンツであった以上に、当時流行していた宗教的不信を深めることになりました。

友よ、民衆のこうした気分と、私のわずかばかりの能力と、私が置かれた状況とを考えてみてくれたまえ。いかに私が多くの人々から面と向かって、ほとんど公然と非難されねばならなかったか、また、このような事情のもとで、私の事業を妨げられることなく続けることができるために、こうした民衆からさえ、いかに多くの親切が必要であったかを考えてみてくれたまえ。

だが、私の置かれたよるべない状態が非常に重苦しく辛いものであったけれども、それは別の面から見れば、私の目的の内実にとってかえって好都合でした。そのために私は、子供たちにとってかけがえのない存在にならざるを得なかったのです。私は朝から晩まで、ただ一人で彼らの中にいました。彼らの心身にとって善いことは、すべて私が手ずから与えました。困ったときのどんな援助も、彼らが受けとったどんな教訓も、私が直接与えたのです。私の手は彼らの手のなかに置かれており、私の目は彼らの目に注がれていました。

私は彼らとともに泣き、彼らとともに笑いました。彼らは世界も忘れ、シュタンツも忘れて、私のもとにおり、私もまた彼らのもとにおりました。彼らのスープは私のスープであり、彼らの飲み物は私の飲み物でした。私には何もなく、所帯もなく友人も召使も誰も私の身のまわりにはいませんでした。私にはただ、子供たちだけがおりました。彼らが健康なときは、私は彼らの真ん中にいました。彼らが病気のときは、私は彼らのそばにいました。私は夜は一番最後にベッドに就き、朝は一番早く起きました。私はベッドのなかでも彼らが寝つくまで彼らとともに祈り、そして教えました。彼らはそうすることを望んだのです。二重感染の危険にさらされながら、私は彼らの着物や身体のほとんどどうしようもない汚れの世話をしてやりました。しかし、このようにしてようやく、子供たちはだんだん私になつくようになり、ごく親しく私に味方するまでになり、彼らは私を馬鹿にしたり軽蔑したりすることを彼らの両親や友達から聞かされても、それに反抗することもできるようになったのです。彼らは私が不当な扱いを受けたと感じたのです。あえて言えば、彼らはそのために私を二倍も愛したのです。しかし彼らを殺すぞと威嚇する肉食鳥が毎日無理やりその巣を飛翔するとき、雛鳥が彼らの巣のなかで親鳥を愛したところで、それが何の助けになるでしょうか。

このような原則と実践の最初の成果もまた、一般に決して満足できるものではありませんでしたし、またそうなるはずもありませんでした。子供たちは、そう簡単には私の愛を信じてくれませんでした。怠けや気ままな生活やあらゆる粗野とそのふしだらな享受に慣れきってしまい、修道院では、修道院らしく世話をしてもらえて、何もせずにおれるだろうという期待が裏切られ、まもなく多くのものに苦情を言い出し、もう留まろうとはしませんでした。多くの者は、朝から晩まで一日中勉強しなければならないときにかかる学校の熱病について言い出しました。このような最初の数カ月の不平は、なお特に生活様式の全面的な変化や、悪天候や修道院の廊下の湿っぽい寒さが一緒になって、かなりの子供たちが病気になったため、いっそう助長されました。まもなく私が心配していた咳が広く蔓延し、また地方一帯に蔓延したチフスは、まもなく多くの子供たちを病の床に就かせることになりました。

この発熱は、いつも嘔吐を催させました。しかし、発熱がなくとも、食べ物が変わったことも、しばしば吐き気を催させました。人々は一般にその原因をその劣悪な体質に帰しました。だが、その結果から明らかなように、先に述べたようなさまざまの事情が重なったあげくのことでした。けれども、誰一人として死ぬことはありませんでした。

そして多くの子供たちの不快さは、なるほど食べ物から生じていましたが、彼らの健康にとってこの方が実際よかったと思います。その経験は注目に値するものでした。子供たちは最初オートミールのおかゆをたくさん食べました。人々の多くは、長らく蔓延していた咳の原因を、この食料のせいであるとしました。確かにそうであることは今や明らかでしたが、オートミールのおかゆは一般に粗末な食料だと言われる意味ではありません。私は吐き気の原因は食物にあると思っていましたが、それは悪い食料としてではなく、薬として作用したからなのです。子供たちの状態は、これまでの彼らの食べ物の悪い状態によってひどく損なわれていたのです。もともと健康であったわずかの者は、初めから太っていましたが、健康を損ねていた者も、今や太ってきました。春がやってくるとすぐに、子供たちはみなきわだって血潮がたぎり、彼らの体つきだけでなく、血色も確実に目に見えて急によくなってきました。それはちょうど、人々が楽しく保養した後にだけ味わえるのと同じように、よくなってきました。後に彼らを見た牧師や役人たちが、口をそろえてとても以前の子供たちとは思えない、と言ったくらい子供たちの様子がよくなったのは、ほんとうのことなのです。

けれども、数人の子供の病状は、かなり長引きました。それに両親の影響も加わって、いっそう悪化していました。「おお、よい子よ、なんてみすぼらしい姿をしているの。おまえがここでしてもらっているよりもずっとよくしてあげることができるから、さあ家に帰っておいで」。子供を連れて家から家へと物乞いしてまわっていた多くの母親が、子供たちの前でそのように大声で言うのでした。日曜日は、私にとってこの時期一番つらい日でした。その日は、母親や父親や兄弟姉妹が一緒にやって来て、子供たちを通りや家の隅に連れていき、たいていは潤んだ目で彼らに語りかけるのです。そうすると子供たちも泣き出し、ホームシックにかかりました。数カ月間は、数名は誘い去られない日曜日など、ほとんどありませんでした。しかし、いつもまた別の子供が入ってきました。それはまるで、一羽が舞いこみ、他の一羽が舞い出る鳩舎のようでした。

このような開設まもない施設で、こんなふうに子供が出入りすることがどんな結果を招くかは、誰れでもおわかりになるでしょう。

両親も子供も、まもなく彼らが施設に留まる場合、個人的にある種の恩恵を施しているのだと考えました。そして彼らの多くは、カプチン教団の僧侶のところや他のところで、私がこれらの子供たちの確保に熱心なのは、それ以外に生計を立てるすべを知らないからか、とたずねました。これらの人々は、たいていは私が貧しいばかりにこのような苦労を引き受けるのだ、とみなしました。しかもこうしたことが、彼らの私に対する態度をひどく冷酷なものにしました。

わずかの親たちは、子供を手放さざるを得なくなったとき、私に施し物すら要求しました。そして彼らは今や、「乞食をするときもうちの子供を連れていけなかったから、うまくいかなかったのだ」と言い出しました。他の親たちは、帽子を頭にかぶったままで、「あと二、三日物乞いをやってみたい」と言いましたし、他の親は何回子供を家へ帰してもらえるか、取り決めをするように求めてきました。

こうして二、三カ月が経ち、私はようやく一人の父親なり母親なりが感謝に満ちたまなざしで私に握手してくる喜びをもてるようになりました。子供たちはもっと早く素直になってくれました。数人の子供たちは、彼らの両親がやって来て私に挨拶もせず、さようならも言わずに帰ったとき、泣くのを私は見ました。多くの者は、自分が幸せだと感じていました。彼らの母親が彼らに何を言おうとも、「自分は家にいるよりももっといい」と彼らは母親に言いました。私が彼ら一人一人に語りかけたとき、彼らはこれまでどんなに不幸にあったかを、私に喜んで語ってくれました。毎日けんかばかりしていた子、どんな安らぎや喜びのときももたなかったような子、ときどき一日中スープもパンも見たこともないような別の子、また他に、年中ベッドに寝たことがない子、さらに継母にいじめられ、毎日のように不当な仕打ちを受けているような子、ところがなんと、このような子供たちが朝になるとまたしても母親と一緒に逃げ去っていくのです。

ところが、わずかの者は、そんなに少数ではありませんが、やがて私のところで何かを学び、何かになることができる、ということに気づきました。私を信頼しつづけ、彼らが最初からみせた熱心さをずっと失いませんでした。これらの子供たちが、あまりにも親密な愛着やこころからの帰依を私に示したので、しばらくすると、他の多くの子供たちが妬みから自分のこころに感じないことを、さも感じているように真似るようになりました。

逃げた者が、いつも一番悪い者であり、一番無能な者であることは間違いありません。また、子供たちがダニやシラミやぼろ服から解放されるとすぐ、子供たちを家に帰るように誘うのが、私にはよくわかっていました。というのは、多くの者は清潔にしてもらい、衣服を着せてもらったら家に戻っていくという、ある意図をもってやって来ていることが確かだったからです。

しかし結局、子供たち自身のなかに確信が育つことによって、施設に入ってくるとき彼らが抱いていた不人情をのり越えることができました。施設はますます大きくなり、一七九九年にはおよそ八〇人の子供たちになりました。これらの多くはよい素質をもっていましたが、とりわけよい素質をもった者が数人いました。彼らにとって学習はまったく新しいものと言ってよいものでした。学習にかなりの成果があるのがわかると、たゆまず熱心に取り組む者も出てきました。いままで一冊の本も手にしたことがなく、「主の祈り」や「アヴェ・マリア」もほとんど暗記できなかった子供たちが、二、三週間もたたないうちに、非常に興味をもって朝早くから夜遅くまで、ほとんどぶっ通しで学ぶようになりました。彼らは夕食の後でさえ、「子供たちよ、もう眠たいか、それとも勉強したいか」とたずねたところ、ことに最初のうちは「いつも勉強したいです」と答えました。その熱は、もちろん後になってさめてきました。彼らは、早起きしなければならなかったからです。

しかし、最初の熱心さは、全体を方向づけました。そのうえ、学習はその期待をはるかに越える効果をあげたのです。

それにもかかわらず、私は言い表し難いほど辛かったのです。授業をうまく組織だてることが、まだできなかったからです。

子供たちを全面的に信頼したり熱意をもったからといって、個々の子供たちが示す粗野や施設全体の混乱状態をとり除けるものではありませんでした。私は施設全体を秩序正しく運営していくために、いっそう高次の基礎を求めねばなりませんでした。いわばそれを生み出さねばならなかったのです。この基礎がないうちは、施設の授業はおろか、経営や学習もきちんと組織だてることはできませんでしたし、私もそんなことは望みませんでした。この両者は、予めつくられた計画というよりは、むしろ私自身の子供たちとの関係から出発すべきでした。私はこの点でも、より高次の原則と陶冶力を求めました。それは、施設の高次の精神と、子供たち自身の調和のとれた注意深さや活動から生まれるものであり、また子供たちの存在ならびに要求と彼らの社会的な関係から直接生まれるべきものでした。子供たちをその内面から堕落させ粗野にさせている境遇の泥土と荒廃から救い出すために、私の仕事の出発点とすることができ、またそうすべきであったものは、一般に経済でもなければ、その他の外面的なものでもありませんでした。最初から堅苦しく、外面的な秩序や几帳面さを強制したり、あるいは規則や規定について説き聞かせて、子供たちの内面を醇化するなどということは、到底できませんでした。もしそうだとしたら、子供たちの当時の無拘束で堕落した気分状態から見て、結果的に私と彼らはよそよそしくなり、彼らのもっている粗野な自然力はもろに私の目的に相対したことでしょう。私は外面的なものに対しても活動的で、注意深く、親切で従順にさせるためには、まず子供たちの内面的なものや正義や道徳の情調を彼らの内面において呼びさまさし、鼓舞する以外にはありませんでした。私はイエス・キリストの高貴な原則、すなわち「まず内を浄めよ、さすれば外もまた浄まるべし」という原則に立つほかはなかったのです。この原則はいつも、私の仕事の歩みのなかで異論の余地なく実証されました。

私の本質的な観点は、いまや次のことに基づいていました。すなわち、子供たちが一緒に暮しはじめたときの最初の感情を生かして、また彼らの諸力が発達しはじめる機会をとらえて、子供たちを互いに兄弟姉妹にすること、また施設を一つの大きな家庭の単純な精神に融和させ、そのような人間関係から生じるものや、そこからあらわれる気分に基づいて、正義や道徳の感情を一般的に鼓舞することでした。

私は幸いにもこの目的を達成しました。まもなく七〇人ほどの非常に粗野な乞食の子供たちが、小家庭における兄弟姉妹のあいだでもほとんど見られないような平和と愛と親切と誠意をもって互いに生活しているのが見られました。

私のこのような場合のやり方は、次のような原則から出発しました。すなわち、まずあなたの子供たちのこころを開くようにしなさい。そして彼らの日々の要求を満足させることによって、愛と善行を彼らの感受性や経験や行為に近づけてやりなさい。そうすることによって、愛と善行を子供たちのこころに基礎づけ、確かなものにしなさい。それから、この善行を子供たちが自分の仲間のあいだで確実に広く実行できるように、彼らの多くの技能を鍛えてやりなさい。

最後の最後に、善悪の危なっかしい記号、つまり言葉がきます。その前に、この言葉を毎日の家庭的な場面や境遇に結びつけなさい。そして、その点に完全に基礎づけられているかどうかにこころを配りなさい。それは、あなたの子供たちが彼らのなかで、また彼らの身の周りで起きている事柄をいっそうはっきりと認識するために、彼らの生活や人間関係についての、正義や道徳の知見を育てるために必要なのです。しかし、他の人が二〇の言葉で説明することを二つの言葉で言い表すために、あなたが幾晩も徹夜しなければならないとしても、その徹夜の労を惜しむべきではありません。

私は子供たちに、言葉で説明したことはめったにありません。私は彼らに道徳も宗教も教えませんでした。しかし、呼吸が聞こえるほどに彼らが静かにしているとき、私はたずねました。「おまえたちが騒いでいるときより、こうしているときの方が、もっと賢く、立派ではなかろうか」と。彼らが私の首にすがりつき、私をお父さんと呼んだとき、私は彼らにたずねました。「子供たちよ、おまえたちは自分たちのお父さんを裏切ってもいいだろうかね。私に接吻しておいて、私をこっそり苦しめることは、正しいかね」と。この地方の悲惨さが話題になり、しかも子供たちが楽しく暮らし、幸せと感じているとき、私は彼らにこう言いました、「人間のこころをあわれみ深くつくられた神様は、立派ではないかね」と。

私はまた、ときどき子供たちにたずねました。「貧しい人々を教育して、彼らが全生涯にわたって自立できるようにする政府と、彼らの貧困を実際にとり除こうともせず、彼らの悪徳と怠惰を真に止めさせることもせずに、そのまま放っておいたり、彼らに施しのパンを与えたり、養老院へ入れたりする政府との違いはないだろうか」と。

私は子供たちに、よく考え熱心に働くことによって確実にパンが得られるようになり、無知で教養もなく不幸な人々に助言し手助けできる、静かで平和な家庭生活の幸福についてよく語りました。私は最初の月のうちにすでに、感情に富む多くの子供たちを、私のふところに抱えながらたずねました。「私が貧しい不幸な人たちの仲間のなかで生活しているように、おまえたちは喜んで彼らを教育し、教養のある人間にしてあげようとは思わないか」と。ああ、「もしぼくもそのようにできたら」と答えたとき、彼らはどんなに感激し、彼らの目にはどんなに涙が浮かんでいたことでしょう。

いつまでも貧乏なままでいるのではなく、いつかは身につけた知識と技能によって彼らの仲間たちのなかに入っていき、彼らのために役立つこともできれば、彼らの尊敬を受けることもできるという見込みが、何にもまして子供たちを奮い立たせました。彼らは、私がよその子供たちよりもっと向上させてくれると感じとっていました。彼らは、私の指導と彼らの将来の生活との内面的なつながりについて、生き生きと認識していました。このため、幸福な未来が、到達できる確実なものとして予想されていたのです。だから、子供たちにとって努力は、なんの苦にもなりませんでした。彼らの希望や期待は、その目的と一致していたのです。友よ、ちょうど若木がそのきわめて柔らかな繊維の性質や要求の土壌との一致から芽生えるように、徳はこの一致から芽生えるのです。

私は子供たちのうちに内面的な力が育っているのを見ました。それがどの子供たちにも行き渡っていたことは私の予期せぬことでしたし、その内面的な力の発現する様子は私を驚かせ、感動させもしました。

アルトドルフの町が焼けたとき、私は子供たちを私の周りに集めてこう話しました。「アルトドルフの町が焼けてしまいました。ひょっとしたら、いまの瞬間も、住む家もなく食べ物もなく着るものもない百人もの子供たちがいるかもしれない。おまえたちは、この子たちのうち二〇人ばかりを私たちの施設に引き取ることを、わが善良な政府にお願いしてみようとは思わないかね」と。「そうしましょう。是非そうしましょう」と子供たちが答えたときの彼らの感動は、いまでも私の目に焼きついています。「だけどね、子供たち」とさらに私は言いました。「おまえたちが熱心に望んでいることを考えてごらん。それを望んでも私たちの施設にはそんなにたくさんお金があるわけではないし、気の毒な子供たちのために以前よりもお金を手にすることが確かなわけでもないでしょう。だからおまえたちは、この子供たちのために授業のかわりに働かねばならないし、食べものも少なくなるし、さらにおまえたちの着るものも彼らに分けてあげねばならなくなるかも知れないんだよ。だから、この子供たちが困っているからといって、あたかもおまえたちがこれらのすべてをこころから引き受けようとしているかのように、彼らに来てほしいと言ってはならないんだよ」。私はこのことをできるだけ強く言いました。私は子供たちの申し出がどんな結果になるかを彼らがはっきり理解しているかどうか確かめるために、私が言ったことを彼ら自身にくりかえし言わせました。しかし、子供たちは毅然として言いました。「そうです、そうですとも、たとえ食べ物が粗末になろうとも、もっと働かねばならなくとも、私たちの着ものを分けてあげねばならなくとも、私たちは彼らを喜んで迎えます」と。

亡命してきた数人のグラウビュンデンの人々が、ひそかに涙しながら私に数テーラーを子供たちのためにと手渡してくれたので、私はその人たちを引き止めておいて、子供たちを呼び、そして言いました。「子供たちよ、この人たちは自分の故郷から逃れ、明日どこで泊まり、どこで暮らすかもわからないのに、自分たちの困窮のなかで、おまえたちにこの施しを与えてくださるんだよ。さあ、こちらへ来て、その方々にお礼を申し上げなさい」。子供たちの感動に刺激されて、その人たちも声をあげてむせび泣かずにはおれませんでした。

このように、私はどんな徳についても口で言うまえに、その徳についての生き生きとした感情を呼び起こそうとしました。なぜなら、私は子供たちが自分で何を言っているかがわかりもしない事柄について、子供たちと語り合うのはよくないと思ったからです。

これらの感情に、さらに私は克己の練習を結びつけました。そうすることによって、この感情を実生活に直接応用させ、態度を身につけさせるためです。

施設の組織的訓育もまた、この点から考えると、ほとんど不可能でした。それもまた、次々に生じる要求から出発しなければなりませんでした。

活動を目的とするための手段としての沈黙は、おそらくそのような施設の第一の秘訣となるでしょう。

私がその場にいて教えようとする際に、沈黙を要求しましたが、それは目的を達成するための大切な手段でした。また子供たちが座っていなければならないとき、姿勢をきちんと正しくしていることも、同様に大切な手段でした。

沈黙によって導かれたことは、そうするように要求した瞬間、すべての子供たちが一斉に話すときはずれた声が聞きとれたし、さらに私のかすかな、かすれた声でも教えることができたということでした。また私が先に話し、子供たちが真似て話さねばならなかった声のほかに、どんな声も聞かれませんでした。もちろん、いつもそうだったわけではありませんが。

私はなかんずく、私が先に言ったことを子供たちが復唱しているあいだは、冗談ぽく彼らにじっと親指を見つめるように要求しました。

そのようなちょっとしたことをきちんと守らせることが、教育者にとって大きな目的を達成するための基礎としてどんなに役立つかは、信じられないほどでした。

ある粗野な女の子でも、数時間身体と頭をまっすぐにし、眼をぎょろつかせないように習慣づけられたならば、それだけでもう道徳的陶冶に向かって一歩前進したことになります。そのことは、自分で経験してみなければだれも信じられないでしょう。

ともあれ、このような経験から私は、道徳生活のためにちょっとした態度に慣れさせることが、どんな教訓や説教よりも比較できないくらい道徳的技能の実際的な教育のために役立つことを学びました。それは、道徳的技能についてこのような訓練なしに行われるどんな教訓や説教にも勝るものでした。

私の子供たちの情調もまた、このような原則に従うことによって、善についてのいかなる概念も、子供たちの頭にはいっていない場合に当然予想されるよりも、もっと晴れやかに、落ちついて、またあらゆる高貴なものや善へと開かれていました。このような善についての概念がまったく頭に入っていないということは、私にとって少しも妨げになりませんでしたし、私を困らせもしませんでした。むしろ逆に、その方が私のやり方にとって実際役立ちましたし、実際に歪んだ雑多の知識をすでに頭のなかにもっているよりも、まったく無知な子供たちに単純な概念を導くことの方が、比べものにならないほど容易だったのです。

また、この無知な子供たちは、純粋な感情の単純さに関して、歪んだ雑多の知識をもっていた子供に比べて、それほど硬化してしまっていたというわけではありませんでした。

それでも子供たちのなかにかたくなさや粗暴さがあらわれたとき、私は厳格でした。そして体罰も加えました。

愛する友よ、大勢の子供たちの精神やこころを言葉だけでとらえ、体罰の印象など必要としない教育上の原則が有効なのは、めぐまれた子供たちの場合やめぐまれた境遇においては当然かもしれません。しかし、年齢も根づいた習慣も要求も同じではない子供たちの入り交じった私の乞食の子供たちの場合、全員に手っとり早い方法で、確実に、かつ速やかにはたらきかけ、一つの目標に到達するには、体罰による印象は重要です。それによって子供たちの信頼を失うのではないかという心配は、まったく見当はずれです。子供たちの情調や思考様式を左右するものは、教師が時折みせる個々の行為などではありません。あなたに対する子供たちの感情を決定的に左右するのは、毎日、毎時、繰り返され、彼らの眼に映るあなたの真ごころや彼ら自身に対するあなたの好意や嫌悪の感情の程度次第なのです。そして、このことが現に生じているように、個々の行為が子供たちに与える印象がどのようなものであっても、子供たちのこうした一般的な心情がしっかり備わっているかどうかによって決まるのです。

ですから、父親や母親の加える処罰が、子供たちに悪い印象を与えることはほとんどありません。日夜、両親が加える処罰は、学校教師やその他の教師が加える処罰とはまったくちがいます。これらの教師たちは、まったく純粋な関係で子供たちと生活することもなく、子供たちと一緒に家庭生活を営んでもいないからです。彼らには、子供たちのこころをひきつけ、しっかりととらえる多くの条件が欠けています。それが教師を子供たちから遠ざけ、子供たちにとってこれらの関係のまったく純粋な拡がりによって彼らと結びつけるものとはまったく別の人間にします。

私の加える処罰のいかなるものも、子供たちをかたくなにすることは少しもありませんでした。それどころか、処罰を加えたすぐあとで、私が子供たちに握手を求め、再びキスをしてやると、彼らはとても喜びました。子供たちは満足しており、私のビンタがうれしかった、と喜びながら話してくれました。この点に関して、私が経験した最も強烈な出来事は、次のことでした。私が大変かわいがっていた子供の一人が、私からすっかり愛されていることをいいことにして、不当にも他の子供を威しつけたのです。そのことに私は憤激し、その子に厳しい手で私の怒りを感じとらせました。その子は哀しみにくれ、一五分も泣き続けました。そして私が部屋から外へ出かかったとき、その子は立ち上がり、自分のことを訴えにきた子のところへ行き、許しを乞うたのです。そして、その子に対する乱暴なふるまいを告発してくれたことに感謝したのです。友よ、それは決して演技ではありませんでした。その子は以前にこれに類したことを一度も見たことがなかったのです。

愛する友よ、だから私のビンタは私の子供たちに少しも悪い印象を与えませんでした。というのは、私は終日こころから純粋な愛情を傾けて彼らといっしょに暮らしており、彼らのために献身していたからです。子供たちは私のこころを見誤ることはなかったので、私の行為を誤解することはありませんでした。たしかに、両親や友達や訪ねてきたよその人、教育者といった人たちは誤解しましたが、これは当然のことでした。しかし、私の子供たちさえ私を理解してくれれば、世間のことなどまったく気になりませんでした。

しかし、子供たちの注意を喚起したり、子供たちの情熱を刺激したりできそうなすべての事柄については、なぜ私がそうするのか、どういうふうにそれをやるのかということを彼らにはっきりとわかりやすく見分けさせるために、私はあらゆる努力を尽くしました。友よ、それによって私は、真に家庭的な教育関係のなかに見られる道徳的行為の全範囲に立ち返ることになったのです。

道徳的基礎陶冶の領域は、一般に三つの見地に基づいています。すなわち、純粋な感情によって道徳的情調を生み出すこと、正しいことや善いことについての克己や努力によって道徳的練習をつませること、最後に、子供たちに自分の存在や自分の境遇をとおして、正義関係や道徳関係について熟考したり比較させることによって道徳的な知見を育てることです。

愛する友よ、私はこれまで最初の二つの見地に関して、私の歩みのなかで二、三の注意を喚起しました。私の歩み、つまり子供たちに正義や義務の表象や概念を生み出すために私が用いた方法は、前二者の段階の場合と同様に単純なものであり、子供たちの生活圏での日々の直観や経験にすべて基礎づけるというやり方でした。例えば、もし彼らがおしゃべりをして騒々しいときは、こんな状態で教えることができるか、と子供たち自身の感情に訴えかけさえすればよかったのです。私は彼らの権利や正義の感情が、一般にいかに強く、いかにかたくなでないか、またいかにしょう。

純粋な好意がこの感情を高め、確かなものにしたかを、私は生涯において忘れることはないで

私は施設におけるどんな出来事でも、子供たち自身と彼らの感情とに訴えました。たいていは静かな晩に、彼らの自由な判断を求めました。例えば村の人々が、子供たちが十分に食べさせてもらっていない、と言ったとき、私は彼らに言いました。「子供たちよ、おまえたちは家にいたときよりも、もっとよく待遇されていないか、私に言ってちょうだい」と。「おまえたちはどんなにがんばってはたらいても、毎日食べ慣れているものを将来にわたって買ったり支払ったりすることができないような仕方で養われたとしたら、それは果たしてよいことだろうか。それとも、おまえたちには必要なものが欠けているのかどうか、よく考えてごらん。もっと理性的に、また公平にしてやれるかどうか、考えてごらん。おまえたちがもっているお金で、いまおまえたちが知っているように、七〇人から八〇人の子供たちを収容できるのに、わずか三〇人か四〇人の子供たちを世話してもらいたいと思っているとしたら、それは正しいだろうか」。

私が子供たちをきびしく取り扱っているということが村で評判になったとき、私は同じようにふるまいました。それを耳にするとすぐに、私は彼らに言いました。「子供たちよ、おまえたちがどんなにかわいいか、わかっているね。しかし、私がおまえたちをこれ以上処罰しないようお

まえたちが望んでいるなら、私に話してごらん。ビンタを加えずに、おまえたちに長く根づいた悪習をやめさせることができるだろうかね。私がおまえたちに何かを言うとき、ビンタを加えずとも、ちゃんとそれを考えるかね」。友よ、あなたは彼らがあなたの眼のまえで、「ビンタはもうごめんだ」と叫びつつも、自分がまちがいをしでかしたとき、どうか止めないでやってくださいと、どんなにこころから私に頼んだかを、あなたはご覧になったでしょう。

子供たちの数が多いことから、小さな家庭なら容易に我慢できることの多くを、私は我慢することができませんでした。しかし、私はどんな場合でも、彼らにそのちがいをはっきり示しました。そして、彼ら自身が見ているような状況で、こちらと家庭のどちらが可能か、どちらが我慢しなければならないかを、いつも彼ら自身に考えさせました。なるほど私は、自由や平等といった言葉を子供たちのあいだで口にしたことはありませんでした。しかし、私は子供たちにとって正しいことはすべて、私とまったく自由の関係に置き、彼らの思うとおりにさせました。その結果、日々の自由で明るい息吹によって、子供たちのまなざしや目の色も変わりました。それは私の経験では、非常にリベラルな教育によってのみ生み出されるものだと思います。しかし、私はこの目のひらめきにだまされたわけではありません。私は毎日、天使のようなまなざしがひきがえるの目に変わらないように、家庭的な自立への確固たる力を子供たちのなかに育てようとしました。それにしても、この天使のようなまなざしは、私にとって人生の大きな楽しみでもありました。また、私は子供たちが額にしわを寄せることは耐えられなかったのですが、彼ら自身で額を滑らかにこすり、微笑んでお互いに自分たちでしわを寄せるのをはばかるようになりました。子供たちの数が多かったせいもあり、何が美しく、何が醜いか、何が正しく、何が正しくないかを彼らに直観させる機会は、毎日彼らのなかにありました。

こうした美しさと醜さ、正と不正とは、毎日のようにすぐに伝染しました。しかも、子供の数がかなり多いので、子供たちの過ちは見抜かれたり気づかれたりすることがあまりありませんでした。そのために犯すいろいろな悪によって、施設の内部をその根本から深く荒廃させるような危険はそれだけ大きくもなりました。同様に、子供の数の多いことが、善いことやめったに見られないことを子供の数が少ない場合よりもかえって生き生きと浮かび上がらせ、それをしっかり根づかせる触れ合いの場面や機会も、毎日あり余るほどあったのです。こういう点についても、私は子供たちのこころを開いて語り合いました。

あるとき子供たちのあいだにいつのまにか無秩序が忍び込んだとき、私は彼らに次のように語りかけました。そのとき彼らのこころに与えた感銘を一生忘れることはないと思います。「子供たちよ、私たちの家でも、よその家でも、同じことなんだ。子供の多い家では、終始いろいろな無秩序から生じる混乱や困窮のために、どんなにか弱い卑劣な母親でも、自分の子供たちを理性的に取り扱い、秩序と正しい行いを強制せざるを得ないんだよ。実際、ここがまさにそうなんだ。たとえ私がここでお馬鹿さんみたいにおまえたちを世話し、おまえたちの過ちを見て見ぬふりをしようと思っても、人数が多すぎてそうもいかないんだよ。おまえたちの人数は多いし、その上おまえたちがそれぞれ身つけてしまった過ちや悪行をおまえたちのなかでしでかそうというのでは、あらゆる類いの悪行に七〇倍も汚染され、ひょっとしたら孤児院に収容されなかった場合よりも、七〇倍も悪くなってしまうかもしれないだろう。小さい家であれば悪い結果も目立たないし、人を苦しめることもない些細なことかもしれないが、こうした人数の多い家では、辛抱できない場合だってあるんだよ。だが、おまえたちがこうした状況のなかでどうしても秩序に従えないということであれば、この施設はやっていけないし、みんなもとの惨めな状態になり下がってしまうんだよ。自分でよく考えてごらん。もしそうなれば、いまおまえたちにとって何の心配もしていない食べ物やよい着物だって、おまえたちのかつての飢えや欠乏のなかでも決して味わったことのないほど、惨めな思いをさせる手段になるかもしれないんだよ。子供たちよ、この世のなかでは、人間は困窮から学ぶか、それとも信念から学ぶか、そのどちらかしかないんだよ。もし人間が理性によって導かれまいとしたり、何の困窮もなく暮らそうとするなら、ひどい嫌われものになるだろう。考えてごらん。もしおまえたちがあらゆる困窮から解放され、無思慮と気ままに身をまかせ、しかも真なるものや善なるものにもはや何の感動も覚えなくなるとしたら、おまえたちはいったいどんな人間になってしまうんだろうか」。

「おまえたちは、自分の家ではいつも、おまえたちを見てくれる誰かがいたよね。おまえたちは少人数だったから、容易に見ることができたんだよ。しかもそういう場合には、困窮や貧困はそれ自体がしばしばよいようにはたらくものなのだ。たとえ私たちが進んで望まなくても、困窮や貧困は多くの場合、理性にまで導いてくれるものだ。しかし、そうでもない場合だってあるんだよ。おまえたちはかつて、困窮のなかからわずかの善を行えばよかったのだが、もし信念からそれを行うなら、自分の家にいた時よりももっと、限りなく正義を行うことができるんだよ。もしおまえたちが今も将来も幸福を自由意志で求めるのであれば、おまえたちはお互いに七〇倍も元気づけられるし、幸福が七〇倍もおまえたちのなかにあらわれてきて、活気に満ちたものとなるだろう」。

一人一人の子供が私の言葉を理解してくれるかどうかにまったくおかまいなく、私は時々こんなふうに子供たちに語りかけました。しかし、私は話全体の印象がすべての子供たちに行き渡っていたと確信します。

また、子供たちがいつの日にかそうなっていたに違いない状態を生き生きとした像で描いてみせたことも、彼らに深い印象を与えました。私は彼らが犯したどんな過ちも、それがどんな結果を導くかについて示してやり、子供たち自らにたずねました。「おまえたちは悪口を言ったり、厚かましい中傷話をするので、だれからも嫌われている人間を知らないかね。おまえたちは年老いてから、おまえたちの隣人や家族や子供たちからさえも嫌われ、除け者にされないだろうか」。

このように私は、子供たち自身の経験を引き合いに出して、誤った考えによって私たちが陥る最もひどい堕落を感覚的に直観させたのです。同様に、私はあらゆる善がどのような結果をもたらすかについて、生き生きとした表象を思い描かせようともしました。特にすぐれた教育と放任主義の教育とがもたらす結果の明白な違いをはっきりと自覚させるようにしました。「おまえたちは若いうちにじっくりと深く考える習慣を身につけなかったばかりに、不幸になった人々を知らないかね」「おまえたちは読み書きさえできれば三倍も四倍ものお金を手にすることができたはずの人々を知らないかね。仮に、おまえたちが今ものを学ぶことをおろそかにするなら、その報いで年老いたとき一銭のたくわえもなく、おそらくわが子に厄介になるか、他人の施しものにお世話にならざるを得なくなることに思い至らないだろうか」と。

また、次のような観点も、子供たちに深い印象を与えました。

「おまえたちは貧しい者に助言したり、苦しむ人々の困窮や悲惨さに手をさしのべる以外に、偉大なことや美しいことについて何か知っているだろうか。そうしたことを理解もせずに、それができるかね。おまえたちはどんなに立派なこころをもっていても、無知なるがゆえにすべてを成り行きにまかせざるを得なくなるのではないか。しかし、もしおまえたちが多くのことを知っていたら、それだけ多くの助言もできるし、またいろいろなことが分かっていれば、それだけ多くの人々を困窮から助け出すことだってできるんだよ」。

ともあれ、私の気づいたことは、賢明な根性や確固とした決意といったものをまず育てるにあたっては、さまざまなことを包括する広い概念がまず不可欠であり、しかも、それが何ものにもかえがたいということでした。

私たちの素質と私たちの環境とをすべて包括するそうした偉大な命題が、心理学的に単純さや愛や安らかな力といったものとともに人間のこころのなかに移されると、必ず、その本来の力で人間を好意的な情調、真理と正義に対して感受性のある情調へと導きます。この情調のなかで、偉大な真理に従属する幾百の命題はおのずと人間の目につくものです。これらの真理をたとえ言葉であらわすことができなくても、それは人間の認識能力のなかに深くしっかりと根づくものです。元来ひとは真理を役立て、真理に従って行動します。そういう真理をこのように言葉で表すことは、すでに数世紀にわたってキリスト教義や説教において、まわりくどい表面的な教理問答として与えられるのが当たり前になっており、しかも三十年この方、自称啓蒙家たちがいとも哀れな饒舌にますます深く引きずり込んできたのです。このように真理を言葉で表すことは、この無力な時代においては、私たちが頭で考えるほど人類にとってさほど役立つものではありません。ともかく、私が思うのは、言葉本位の授業、学習者の精神状態と外面的な関係に適合しない授業によって、子供たちがものを深く考えはじめる最初の時期に、かき乱されているということです。

私の経験によれば、すべては次のような事実に依存しています。すなわち、どんな命題も現実の諸関係と結びついた直観的な経験が意識されることによってはじめて、子供たちにそれ自体が真実のものとみなされるようになるということです。

真理がこうした背景を欠くと、子供たちにとっては大部分が不適当で、単なる厄介な玩具でしかありません。確かなことは、人間の真理と正義力とは、その本質からみて高尚で純粋で普遍的な感覚だということです。この感覚は、言葉などでは表現できない包括的な大きな知見、努力、感情の単純さによって、たとえ陶冶された内面の力を外部に表す符号がさほど多くなくても、真理と正義に対して極めて確実で着実なタクト(気転)を与える栄養を見出すことができます。

そして、次のこともまた真実です。著しく発達し、かつ言葉などでは表現できない真理感情や正義感情へと人間を単純に導いていくこのような人間の認識の主要命題は、このようにして偏見のもたらす最も重大で最も有害なあらゆる種類の結果に対して、その人々のこころの内で純粋な対抗物を見出す、ということです。このような人々にあっては、偏見があったからといって授業に誤った悪い種子が発芽するということは決してありません。偏見どころか、無知や迷信でさえ—それ自体あまりよいものではありませんが—そのような人々にあっては、それらが宗教や法律についての愛もなければ正義もない饒舌家たちにとって永遠のものでは決してあり得ないし、また今後もあり得ないでしょう。

人間の認識のそのような主要命題は、いわば純金のようなものです。それに従属し、それに依存するさまざまな真理は、単なる小貨幣ともいうべきものです。何千もの小さな水滴からなる真理の海で泳いで溺れてしまう人間は、私にはいつも年老いた小売商のように思われてなりません。つまり、一銭を集めているうちに、ついには金持ちになり、とうとうしまいには一銭を蓄えるどころか、一銭そのものに執着する習慣ができてしまい、その結果、一銭なくなっても金貨をなくしたように心配する小売商のことが思い出されてならないのです。

精神力およびその諸傾向の調和が人間の義務遂行の落ちつきある歩みによって基礎づけられて

いる場合、また純粋な共同の人間関係の崇高な刺激に活気があり、かつそれが崇高で単純な真理の確かな把握によって保証されている場合には、個々の偏見などは著しく制約されてはいるが、なお現実的な一群の光明のなかに、そっとしておくのがよいのです。そのような偏見があったとしても、あなたの本性の純粋な発達と醇化に圧倒され、それがないのと同じようになり、また光のなかの影のように、たちまちひとりでに消えてしまうでしょう。人々の力がこのように発達して、偏見をこうした地点にもってくることができれば、たちまちそうなるのです。

人間の認識や知識が本来すぐれているのは、人類にとって出発点でもあれば立脚点ともなる基礎がしっかりしているからです。多くのことを知っている人が、他のそうでない人以上にめざさねばならないのは、いままでよりも一段と巧みに、自己と自己自身とが一致するように、また自己の知識と自己の諸関係とが調和するように、さらには自己のあらゆる精神力を同一の形で発展するようにすることです。さもないと、知識は当人のなかで偽りの光となり、こころの奥底をかき乱すことになります。そして全く未開できわめて粗野な人間にすら与えられる最も本質的な生の悦楽が、単純で率直な、自己と矛盾のない感覚のために奪われてしまうことになります。愛する友よ、これが私の見方であって、この見方ゆえに私が重視したのは、私たちの本性と最初の諸関係とをそこへと導く精神力の調和こそが、人間の技術の誤りによって損なわれることがあってはならないのです。

友よ、私は学校の家庭的精神についての私の考えと、家庭的精神の問題を解決するために私が試みたことを、あなたに説明しました。さらに私は、私の教授過程の二、三の本質的な観点と、子供たちの学習についても、あなたに説明しましょう。

私は、子供たちに対する私の愛の確信という単純な結果に基づかないような、いかなる秩序も、いかなる方法も、またいかなる技術も知りませんでした。

このような仕方で、私は子供たちの学習もまた一段高い見地に従属させて、彼らのすぐれた感覚を全面的に刺激し、彼が相互に、しかも私の配慮のもとで生活した自然な関係を、彼らに全力ではたらきかけました。

私はなるほどゲディッケの読本をもってはいましたが、しかしその本を使うことは、他の教科書の場合とほとんど同様に、私にとってはさほど重要ではありませんでした。なぜなら、一般に年齢の異なる子供たちが混ざり合った集団においては、最初の学習は、子供たち全体が私のねらいに沿って気持ちを一つにする手段にすぎないと特に考えていたから、十分に完備した学校の形式で教えることは、まったく不可能であるとわかっていました。

一般に私は、それが子供たちが学ばねばならない言葉であっても、また言葉が表示する概念であっても、言葉に関する言葉としての学習は、大して重要なものでないと思っていました。私はもともと学習と労働、学校と仕事場をそれぞれ結びつけて、両者を互いに融合させることをめざしていました。しかし私には、人手についても、労働についても、それに必要な機械についてもまったく用意がなく、この試みを実現することはとてもできませんでした。この施設を解散する直前になって、やっと二、三人の子供たちが糸を紡ぎはじめました。また、この両者の融合以前の問題として、まず学習と労働との基礎陶冶をはっきりと分けて、それぞれを独立させ、これらの部門に特有な性質や要求を明らかにしておかなければならないことも、私には明らかでした。

けれども私はこの出発点においてすでに、労働というものを、労働による収益という観点ではなく、労働や収益のための身体の訓練という観点から考察しました。同様に、もともと学習と呼ばれているものについても、一般に精神力の練習とみなしました。特に、注意力と深い思考力と確かな記憶力に関する練習は、判断や推論の技術の練習に先行しなければならないと考えました。そして後者が、外面的な言葉による補助手段の熟練によって皮相なものにされたり、思いあがりのごまかしの判断になったりする危険から守られるには、まず前者がしっかりと基礎づけられていなければならないのです。思いあがりのごまかしの判断は、人間の幸福や使命にとって、百の事実についての無知―もっともこの無知は人間にとって本質的な、最も身近な関係についての、確かな直観的な認識によって保証され、しかも単純で純粋ではあるが、確実に発展した力の感情によって保証されるような無知ですが―よりもはるかに危険なものだと思います。それどころか人類にとって最も祝福の多い認識は一般にこのような観点から出ているものであり、学問的には最も制約をうけている階層のなかに、きわめて純粋なかたちで見出されるように思います。

このような原則に導かれていますので、私は最初は子供たちの綴り方や読み方や書き方が進歩することを、さほど求めませんでした。むしろ子供たちがこれらの練習によって精神力を多方面に、かつ強力に発達させることを求めました。私は子供たちがABCを知らないうちに、綴りを暗記させました。すると、どの子供も一つ一つの文字をまだ知らないのに、非常にむずかしい単語を暗記して綴りました。このことが、これらの子供にどれだけの理解力を必要とするかを考えてみてください。私は最初のうち、こうして子供たちに綴りを教えた単語においては、ゲディッケの読み方練習によりました。しかし、そのうち私は、諸力の一般的な初歩の練習のために、全部のアルファベットをすべての母音に従って五部門に構成し、すべての音節の単純な練習を完全に暗記するように子供たちに指導する方が、はるかに効果的であることに気づきました。私は読み方および書き方の順序と基礎を印刷させるつもりでおります。すべての子音は、すべての母音に対して、前に出たり後ろに退いたりします。すなわち、ab, ba, ec, ce, di, id, fo, of, gu, ugなどのように、次に、私はこの方法を三個の文字に適用します。すなわちbud, dub, bic, cib, fag, gaf, goh, hogといったようにです。

このような組み合わせのなかに、例えばig, igm, ek, ekp, lug, ulg, quast, staqu, ev, evkといったような、発音するにも記憶するにも、きわめてむずかしい音の組み合わせが、すでに出てきます。文字の二つの系列はすべて、新しい系列に進む前に、子供たちによって完全に習得されていなければなりません。第三の系列では、例えば、dud, dude, rek, reken, erk, erkenといったような、四個ないし五個の文字の組み合わせや結合ができます。こうした単純な基本的な組み合わせからできた言葉を、その基礎となるものに結びつけます。例えば、eph, ephra, ephraim, buc, buce, bucephal, qua, quak, quaken, aphor, aphoris, aphorismus, mu, muni, munici, municipal, municipalität, ul, ult, ultram, ultramon, ultramontanischといったようなものです。子供たちが読み方の基本的な組み合わせをあらまし覚えこみ、彼らの発音器官が簡単に発音できるまでに慣れると、どんなに簡単に、またどんなに正しく読み方を学ぶかは、ほとんど想像できないでしょう。彼らは紙の上に二個、三個ないし四個と並んだ文字を、それが並んでいるとおりに、もはや文字をたどったりしないで、ただちに眼で読みとり、発音しなければなりません。しかし私は、子供たちが一つ一つの順序を完全に記憶して綴ることができるようになってから、はじめて紙の上でその一つ一つの順序を示しました。しかも最初は筆記体で、次に活字体で示してやりました。というのは、書き方を学ぶ訓練と、一種の綴り方の繰り返しとが結びつけられ、二重の利点が生み出されるからです。

子供たちが筆記体の文字の組み合わせを読むと、二、三日後には活字体の文字の組み合わせを読み、さらにまた二、三日後には、それらのラテン語文字を読むようにします。

書き方についての私の指導法は、次のようなものでした。すなわち、他の多くの文字の根本特徴を含んだ三つか四つの文字の練習に非常に長い時間をかけ、これらの文字で言葉をつくったり組み合わせたりします。これが終わってから、別の文字の練習を行わせました。子供たちがmとaが書けるようになったらすぐに、manが書けなくてはいけません。そして、言葉をきちんと直線に、しかも文字を正確に書けるようになるまで、時間をかけなくてはなりません。このようにして、私は子供たちが新しい文字を書けるようになったら、すぐに書くことができたものと結びついた文字を含んだ言葉に移っていかせるようにしました。このようにして子供たちは、まだABCの第三部を書くことができないうちに、ある程度までいろんな言葉を完全に書いたのです。

このような仕方を通じて、わずか三つの文字がかなりの程度まで正しく、上手に書けるようになると、子供たちは他の文字もきわめてたやすく書けるようになるものです。

私は子供たちとともに、ゲディッケ読本に出てくる地理と博物学の一部を一通りすませました。まだ一文字も知らないのに、子供たちは一連の国名をすべて正しく暗記しました。また、博物学の初歩的な概念に関しても、子供たちは動物や植物の世界について、経験から知り得たすべての事柄を、経験の一般的な概念を表す術語に結びつける、といったみごとなセンスを示しました。その結果、私は次のような確信を完全に得ました。すなわち、子供たちがこの部門において自らの経験領域から知り得たものを、いずれの部門においても全面的かつすみやかに子供たちから引き出すという、私の単純な手法と力量で、子供たちと一緒に一定のコースを作り上げることができるのではないかという確信です。その全体は、多くの人々にとって本当に役立つものであり、ある部門にすぐれた才能をもった子供に、自らその文化をいっそう個人的に発展させることを容易にするために、子供に十分な予備知識をつくるであろう。しかも、それは制限という単純な精神から逸脱してはなりません。なぜなら、その制限ということは、子供の境遇にとって一般的に必要なものであり、これを心理学的に人間にふさわしい形で維持していくことが、人間の才能を正しく見分け、真にすぐれたものを実際的に、強力に助長するための最もすぐれた手段だと考えたからです。

一般的に言って、私の基本原則は、子供たちが学習したことは、どんなに些細なことでも完全なものへと導き、いささかも後退させないということでした。だから子供たちがかつて学習したいかなる言葉も忘れず、文字を立派に書いた場合には、ただの一字でも二度と下手に書かせないようにしたのです。私はどんなに進歩のおそい子供にも辛抱しましたが、すでに習得したより少しでも悪くなった場合には厳格だったのです。

私の歩みをたやすくしてくれたのは、子供が多数であり、多様でもあったことです。よくできる年長の兄や姉たちは、幼い弟や妹たちに自分でできることを母親の目の前で何でも簡単にやってみせ、親のかわりをつとめると喜び得意がるものです。同じように、私の子供たちも、自分でできることを他の子供たちに教えるのを喜びました。自分の名誉心が目覚めるという意味でも、他の子供たちにまねて言わせることで繰り返すという意味でも、彼らは二重に学んでいるのです。こうして、私は子供たちのなかに助手をたちまち見つけました。最初の数日間、二、三の非常にむずかしい言葉を子供たちに記憶させ綴らせてみました。その言葉を一人の子供が記憶できると、その子はただちに、まだできない子供たちを数人呼び寄せて教えたのです。私は最初の段階から助手を育てることができました。まもなく、子供たちのなかに協力者も見つけました。自分より遅れている子供にできていないことを教えるという彼らの手腕は、この施設とともに着実に上達しました。また、施設の当座の必要に応じるという点でも、雇われ教師より明らかに役立ちましたし、それも多方面においてそうでした。

私自身も、彼らとともに学びました。施設では一切が実に技巧のない単純な状態でしたので、私のように教えたり学んだりすることを悪くないと思うような教師は一人もいませんでした。

私の目的は、また、次のようなものでもありました。教授手段をすべて単純にして、普通の人ならだれでも自分の子供たちを容易に教えることができるようにし、次第に初歩の基本的なもののためには学校はほとんどいらないようにすることでした。母親はわが子の身体的な最初の養育者であるのと同様に、神の思し召しにより最初の養育者でなくてはなりません。しかも、早期の就学がもたらす弊害や居間の外で子供たちに小細工を加える一切のものから生み出される弊害は非常に大きく、無視することができないと考えます。私たちが教授手段を単純化すれば、どんな母親も人の助けを借りずに自分で教えることができ、同時に、自分もたえず学びながら前進することができれば、たちまちあの時点が近づくのです。私の経験が、この判断が間違っていないことを証明しています。私が進んだ道に従って育てられた子供たちが、自分の周囲で向上するのを、私は見てきました。のみならず、次のことも、これまで以上に確信しているのです。すなわち、教授施設が将来において、労働施設としっかり心理学的に結びつくと、一方では、学習に要する時間や労力が従来の学習の一割も要らなくなるはずです。他方では、この教授を時間や労力や補助手段の点から見ても家庭の必要と一致させることができるので、世間の親がいたるところで自分自身や家族の誰かを、その教授に熟練させるように努めることを経験から学ぶ世代が必ず出てくる、ということです。当然このことは、教授手段の単純化によっても、また十分に教育された人が多くなることによっても、いっそう容易になるでしょう。

このような望ましい時期を招来するには、私が経験した二つの事柄が非常に重要になります。その第一は、年齢がどんなに不揃いであっても、多人数の子供たちを同時に教え、大いに上達させることが可能なだけでなく、かつそれが容易であるということです。第二に、この子供たちの集団は、労働させながら教えることができる場合が多いということです。この教授法は暗記の作業のように見えるかもしれませんが、その外面的な形式に従って事実また暗記作業として行わなければならないのは、言うまでもありません。

しかし、心理学的にうまく配列した認識をとおして記憶を進めると、その他の精神力も活動させることができます。むずかしい文字を構成する記憶は、想像力を活気づけますし、一連の数をたどる記憶は、精神をその内面的な関係に結びつけます。広範囲にわたる真理を印象づける記憶は、単純なものや広範囲のものに注目させるように精神にはたらきかけるのです。

歌曲や歌詞の記憶は、精神力のうちに調和や高貴な感情についての感覚を発達させます。ですから、記憶だけをとってみても、子供たちに対して、あらゆる種類の精神的な練習に広範かつ着実に向かわせる技術といったものが存在するのです。

こうした練習の結果、私の子供たちのすべてに思慮の深まりが生まれただけでなく、精神力の全体を包括する思慮の成長も明らかに見られるようになりました。さらに、人間の知恵の基礎が多面的かつ確実に発達する、ある種の情調も一般に生まれたのです。

友よ、あなたは最も軽薄な子供たちでさえ、どんなに感涙にむせんだか、無邪気の気分がどんなに発展させられたか、また最も聡明な子供たちの内面的な高まりがどんなに活性化させられたかをご覧になりました。だからといって、思い違いをしてはなりません。まだ事業の完成を夢見てはいけません。最高の高揚も束の間、混乱と不快と不安のときに変わってしまったのです。

私もまた、決していつもの私と同じではありませんでした。あなたは悪意と嘲笑にとり囲まれているときの私をよくご存じです。すみやかに成長する植物にたやすく虫が食い入るように、私の事業の根元に忍び寄る悪意が深く食い込んできたのです。

もっとやっかいなのは、次のようなことでした。私ははかり知れない負担を一瞬のぞき見し、私の施設のここかしこで自分の居間や台所ではもっときちんと整えられているものや、数十万の基金をもつ施設におけるようなものではないものを見た人々は、物知り顔に私に忠告や指示を与えようとしたのです。そして彼らは自分たちの足に使用する靴型が私の足に合わないことがわかると、賢明で立派な忠告を受け入れる能力が私にないと思いました。そして、こんな人間とは何も一緒に始められない、あいつは狂っている、と互いにささやき合ったほどです。

友よ、私の仕事に対する最も大きな誠意を、カプチン教会の僧侶や修道院の尼僧たちのあいだに私が見出したということを、あなたは信じられるでしょうか。私の仕事に対して強い関心を示したものは、ツルトマン以外にはほとんどいませんでした。私が最も多く期待をかけた人々は、政治上のしがらみや利害に没頭しすぎて、こんな仕事は彼らの大きな活動舞台にとって何の意味もなかったのです。

これは私の夢でした。やっとこの夢の実現に近づいたかと思ったとき、私はシュタンツを去らねばならなかったのです。

ペスタロッチーの『シュタンツだより』の解釈

ヴォルフガング・クラフキー

一九七五年改訂版への序

以下の解釈は、一九五九年に著されたものである。一九七五年の新版においても、編集上の変更が加えられるに過ぎない。この解釈は、ペスタロッチーのテクストの主に内在的な解釈として、今でも妥当だと思われる。だがそれを越えて、私の解釈の最初の起草のとき把握した二、三の箇所を認識させる。つまり、シュタンツだよりのなかで展開された道徳的・社会的教育の「方法《メトーデ》」は、その基本原則においてそれに応ずる教育の現代的課題にとっても妥当する、ということである。シュタンツだよりは、歴史的に興味のある記録としてのみ理解されるべきではない。共同性、コミュニケーション、相互作用といったものに対する教育、すなわち「社会的教育」―人間同士の関係の領域における子供たちの責任や分別ある行為能力への教育として理解される―の問いに対して、中心的な問題設定や解決の糸口を今も変わらず明らかにしているのだと思う。もちろん、ペスタロッチーの道徳教育の「方法《メトーデ》」を現下および将来の社会的教育の問題にとって実り豊かなものにしようとするならば、一五年前の仮定よりもさらに個別化して基礎づけねばならないであろう。こうした試みは、一連の批判的な媒介を越えてはじめて達成することができるのである。ペスタロッチーの社会的関係の歴史性を誤認した固定的で階級的な社会観から距離をとることについては、すでにこれまでの解釈において語られている。その上、今日の認識に基づく社会的教育に対するシュタンツだよりの体系的な論拠をどう評価するかに関して、少なくとも三つの別の批判的な議論が必要であろう。

① 道徳的・社会的教育の問題は、社会的関係のなかで、また社会的関係のもとで繰り返し設定される。こうした社会的関係の歴史性(同時に変革の可能性と必要性)に対する反省とともに、道徳的・社会的教育がそれに即して方向づけられる諸規範の歴史性に対する反省もまた必要であろう。ペスタロッチーがシュタンツの教育実践において孤児たちに伝達しようとした規範的諸原理は、「無時間的」で「一般的・人間的」なものとみなされている。多くの規範は、ペスタロッチーによって見抜かれなかったか、あるいは変わらないものとして受け入れられた、一定の社会的支配関係の表現として証明される。その意味で今日の教育理論は、この要求がどの程度、また如何なる意味で受け入れられることができるか、あるいは拒否されねばならないかを明確に吟味しなければならないだろう。それとともに、ペスタロッチーの理論について批判的再吟味を行う別の観点も必要である。

② シュタンツだよりのなかで展開されたペスタロッチーの道徳教育の構想に含まれる政治的意味、および直接的な共同関係の領域における「道徳的・社会的教育」と社会的な権力関係や支配関係についての子供たちの認識能力および行為能力への教育としての「政治教育」との関係も、明確に追究されねばならないだろう。ここは、比較的新しいドイツのペスタロッチー研究のなかで「政治的ペスタロッチー」(der politische Pestalozzi)の標語のもとで提起され論争されているその問題設定に結びつける場*でもあろう。

③ 最後に、先に挙げた二つの観点から、ある別の帰結が生じる。すなわち、省察つまり批判的熟考は、ペスタロッチーの道徳教育の方法において、確かに放棄できるものではないが、推論されただけの位置づけにすぎない。というのは、批判的反省はペスタロッチーの場合に、道徳教育の規範原理の一つの構成的な要因ではないからである。それは諸規範の妥当性を根拠づけるのではなくて、（おそらく）直接経験する規範を意識にまで高めるにすぎず、また経験的なものを未来の状況に対する定位の尺度として確保することを可能にするだけである。ペスタロッチーの道徳的規範の「超歴史的」「絶対的」妥当性の前提が放棄され、規範の妥当要求が論争的にのみ、また批判的・反省的に正当化されるという原則に従ってはじめて、反省の契機は道徳

的・社会的教育の方法論の関連においても、ペスタロッチーの理論に含まれるものとは別の、より基本的な意味を帯びるにちがいない。

ラーン河畔のマールブルクにて　一九七五年七月

ヴォルフガング　クラフキー

＊ Adalbert Rang: Der politische Pestalozzi, Frankfurt/M. 1967. Leonhard Froese, u.a.: Zur Diskussion: Der politische Pestalozzi, Weinheim 1972. Dietfrid Krause-Vilmar: J. H. Pestalozzi und die Stäfner Volksbewegung, Marburg 1975. Leonhard Friedrich: Eigentum und Erziehung bei Pestalozzi. Geistes- und realgeschichtliche Voraussetzungen, Bern-Frankfur/M. 1972. も参照のこと。

一　序文

シュタンツだよりは、ペスタロッチーの教育的行為と信条のきわめて重要な記録として正しく特徴づけられている場合が多いが、以下においては本質的に自ら解釈される必要がある[1]。それゆえ、ここではシュタンツだよりが、ペスタロッチー教育論の発展の全体関連における一つの局面とはみなされない。また、それはペスタロッチーがシュタンツの企てを行う二年前に、彼の『人類の発展における自然の歩みについての探究』のなかで展開した哲学的人間学の実践的な応用とも考えられない[2]。もちろんペスタロッチーが『探究』の力強い研究によって自身のなかで固めた確信は、シュタンツへ赴いた彼のなかで生き生きとはたらく精神的な前提となった。しかし、シュタンツは人間学を例証したのみでなく、それ以上のものであった。彼は新たな実践的教育状況にその都度まったく最初から先入観にとらわれずに身を置くことができたということ、また彼は教育学的熟考をくりかえし根源的に現実の経験から芽生えさせ、これまで獲得された彼の思考の状態を新たな思想的対決のなかで取り入れながらも、それを経験的な教育現実に即して修正する用意をいつももっていたことは、ペスタロッチーの固有性をなしている。ペスタロッチーが、自分の以前の著作を引き合いに出すことがきわめてまれであったことは、彼の思考の繰り返し保持されたこの根源性に対する一つの外面的な徴候である。

ペスタロッチーはシュタンツだよりを―彼の教育施設の崩壊の数日後に―なお体験者の魅惑のなかで書いた。柔軟に練り上げられた経験を報告しようとする手紙の意図はそこから生じている。だが、ペスタロッチーは道徳教育の本質および方法についての原則的な反省に立ち向かうために、年代順の報告の関連を何度も突破する。手紙の最後に、彼はその関連を越えて、実践のなかで芽生えた彼の要素的なものについての理念を、一般的な教授原理として初めて解明しようとしている。

ペスタロッチーは文章上、報告的部分と体系的部分とを、時間形式の選択によって概ね区別している。つまり、報告的部分は過去の話法、特に過去形と完了形の話法をとっているのに対し、体系的な観点へ切り換えるときは、一般に動詞を現在形へ突然変えるという特徴をもたせている。

シュタンツだよりの中心をなすのは、―分量を見てもわかるように―道徳教育についてのペスタロッチーの思想である。以下の解釈の重要な関心事は、手紙のなかに散在する体系的な理論の端緒を意味づけ、そこに隠された思想的関連を説明することである。あらかじめ二つの前提を設けておく必要がある。第一にシュタンツの実験の外面的歴史を手短かに素描すること、第二に手紙全体の構成について概観することである。

二　解釈の前提

(1)　シュタンツの実験をめぐる外面的歴史

一七九四年以来スイスのいくつかの州において都市および農村の特権貴族に対して向けられた革命的暴動があって以後、一七九八年四月初め、その間にスイスへ侵入してきたフランス軍の支援によって「ヘルヴェチア共和国」が布告された。わずかの州がそれに反対したが、新憲法が施行された。ペスタロッチーは共和国に奉仕し、まず政府の援助する「ヘルヴェチア国民新聞」の編集を委嘱された。彼は、政府に対して貧民教育施設と産業学校の設立のための計画書を提出した。それは文部大臣シュタッパー、内務大臣レンガー、そして執政官ルグランによって推挙され、必要な資金が準備された。ペスタロッチーが適当な場所を探しているうちに、ウンターヴァルデンで新政府に対する謀叛が発生した。この謀叛によって、シュタンツ近くのフィルヴァルトシュタッター湖の南側のある場所で戦いが生じたが、まもなくフランス軍によって鎮圧された。フランス軍は大量の略奪を求めてシュタンツへ侵入し、七一二戸の建物が火災の被害を受け、村の男女それぞれ二五九人と一〇二人、さらには、二五人の子供が亡くなった。この村には、片親を亡くした数多くの孤児とともに、両親を亡くした子供七七人もいた。

一七九八年一二月五日、政府は、シュタンツのカプチン修道院の一角に孤児院として貧民教育施設を設立することを決定した。一七九九年一月一四日、まだ建物の一部が整理されているさなかに、最初の子供たちを受け入れた。当初、五歳から一五歳までの五〇人ばかりの子供たちがいた。そのなかには、両親や親戚の者に連れて来られた者もいたし、警察に連れて来られた者もいた。春にはその数は八〇人に増えた。そのうちの五〇人は施設で寝泊まりしたが、残りの者は夜になると家に帰って行った。ペスタロッチーの批評家も友人もペスタロッチーに援助を申し入れ、現に必要なお金も用立てることができたが、ペスタロッチーは、一人の家政婦を雇う以外は誰も手伝いをおかなかった。

一七九九年五月半ば、フランス軍は北西のグラウビュンデンから突然攻撃してきたオーストリア軍の第二同盟戦争の連隊に撃退され、西方へ後退した。彼に好意的でなかった政府総督のハインリッヒ・チョッケ―その時代によく知られた詩人―は、フランス軍が修道院を野戦病院として使用するので、そこを明け渡すようにペスタロッチーに命じた。ペスタロッチーは施設の解体を阻止しようとしたが、むなしい試みに終わった。子供たちは着物と洗濯物のほかわずかばかりのお金を用意され、身内のもとへ送られたのである。およそ二〇人の子供たちは、カプチン修道尼に保護された。ペスタロッチーは一七九九年六月九日にシュタンツを去り、残った蓄えと自由にできたお金の半分を個人的に政府に償還した。その間に、政府はルツェルンからベルンに移された。ペスタロッチーは、ただちに仕事に取りかかれるよう、シュタンツの修道院の差し押さえが終わるのをベルンで期待していた。だが、まもなく孤児院は別の場所で他の指導者のもとで再開されたのである。ペスタロッチーは肉体的に消耗し尽くし、希望に満ちた試みが突然崩壊したため、極度の精神的な深手を負いながらも、文部大臣シュタッパーの秘書官で教育に関心をもつJ・R・フィッシャーと、彼を通してツェンダーという一人のペスタロッチー畏敬者をベルンで知った。ツェンダーは海抜一五〇〇メーターの高地にある温泉地グルニーゲルにペスタロッチーを招待し、休養期間を過ごすことを勧めた。ペスタロッチーはその申し出を感謝の念で受け入れ、七月末まで「グルニーゲルに」留まった。

ペスタロッチーが「彼のシュタンツ滞在について一友人に宛てた書簡」を書いたのは、この夏のことである。それはおそらくフィッシャーに宛てられたものであろうが、発送されなかった。ペスタロッチーのその後の協力者ニーデラーは、その書簡を「ペスタロッチーとシュタンツにおける彼の施設」というタイトルで、彼の「人間教育週報」の一八〇七年に発行された最初の巻の七篇から九篇までの三つの続編のなかで、初めて印刷した。しかも、彼はその書簡の二・三箇所を修正し、注を施した。一八二二年にその書簡はニーデラーの注なしに、ペスタロッチー全集九巻として発行された。ペスタロッチーのザイファルト版と―その書簡のオリジナルは見出されていないので―ブヘナウ、シュプランガー、シュテッドバッハーによって編集されたペスタロッチー全集の批判版一三巻(Berlin und Leibzig, 1932)は、このテキストに従っている。われわれは以下、この一三巻から引用することにする[3]。

(2)　手紙の構成

われわれは以下の概観によって、一見無秩序のように見える多様な問題領域を相互に関係づけて、手紙の思想構成を解釈しよう。

(　)内数字は批判版の該当頁行と本訳書の該当頁行(訳者注)

一　出発点の状況　(批判版頁行：本訳書頁行)

1　シュタンツ以前のペスタロッチーの教育計画……………(3,1-4,23：18,1-20,6)

2　シュタンツ、外面的諸前提と放置された子供たちの状態　…………(4,24-9,25：20,7-29,3)

挿　入

体系的性格
(a) 放置された状態における人間的な素質および能力の動揺とそれを取り除く可能性……(5,39-6,25：22,13-23,15)
(b) シュタンツ実験の一般的な意味づけ：公的教育は家庭教育を模倣すべきだ……(7,29-8,10：25,13-26,11)
(c) 子供と善……(8,11-8,28：26,12-27,10)
二　シュタンツの教育現実と教育経験から生じた道徳教育の理論
1 **道徳教育の第一段階**：「多面的な配慮」―信頼を目覚めさせること……(9,26-10,16：29,4-30,8)
2 最初の困難と最初の成果……(10,17-13,20：30,9-35,15)
3 道徳教育の第二段階への移行：子供たちのあいだに兄弟姉妹関係を形成することと純化された内面から外的秩序をつくり上げること……(13,21-14,26：36,1-37,13)
4 第一のまとめ……(14,27-15,4：37,14-38,10)
5 第三段階への先取り(反省)……(15,5-16,5：38,11-40,8)
6 **道徳教育の第二段階**：道徳的行為と自己訓練

(a)「アルトドルフ」の出来事……(16,9-16,30：40,12-41,13)
(b) 静寂と自己訓練……(17,3-18,7：42,8-44,9)
(c) 処罰についての余論……(18,8-19,27：44,10-47-5)
挿　入
(a) 犠牲を覚悟した人間の模範の影響に対する実例……(16,31-16,38：41,14-42,4)
(b) 体系的な回顧と予見……(16,39-17,5：42,5-42,9)
7　第二のまとめ……(19,28-19,35：47,6-47,9)
8　**道徳教育の第三段階**：反省
(a) 熟考の対象および出発点としての子供の経験……(19,36-23,17：47,10-54,6)
(b) 熟考の成果としての「多くを包括する大きな概念」の価値……(23,18-25,8：54,7-56,8)
9　人間的知の至福と呪い……(25,9-25,25：57,7-58,1)
三　シュタンツにおける教授
1　教授と道徳教育……(25,26-26,7：58,2-58,14)
2　学習と手労働との結合……(26,11-26,27：59,2-59,8)

3　教授実験と教授原理 ……(26,27-31,18：59,9-67,5)
(a)　援助原理 ……(29,21-29,39：64,5-65,1)
四　回想と自己批判、誤解と承認 ……(31,19-32,9：67,6-68,10)

三　内容の体系的な解釈

(1)　出発の状況

①　ペスタロッチーは、シュタンツの彼の施設が解体して数日後の個人的状況を、手紙の最初の文章で、「夢」からの「再度の目覚め」として示している。「再度」とは、おそらく同様の挫折を経験したノイホーフの企て(一七六九年、特に一七七四〜一七八〇年)に結びついているのであろう。「夢」という言葉が、単なる飾り言葉の綾でないことは、明らかである。むしろペスタロッチー自身も他の人も証明しているように、シュタンツでの数カ月は彼の最大の希望を真に

実現するための「最高の悦びの日々」を体験したということであり、あの仕事が彼にとって「あらゆる部分において至福」を意味したということでもある。厳しい現実は、いわば「おとぎ話の世界」のように思われたということである[4]。「彼ら(子供たち—筆者注)は世界も忘れ、シュタンツも忘れて、私のもとにおり、私もまた彼らのもとにおりました。」(29頁10行目以下)。「夢」という言葉は、少し後に—「私の生涯の大きな夢」(20頁8行目)—と書簡の最後の文章に再び見られるだけでなく、このスイス人の別の著作においても貧民教育の思想との関連でしばしば見出される。貧民の教育は、その教育学的天才が目覚めて以来ずっと、本来の「生涯の目的」[5]であり、夢という象徴のなかに、教育的実存のあこがれが凝縮されている。

②　彼がシュタンツへの召還前にスイス新政府に提出していた民衆教育計画について次に述べることは、シュタンツに関する報告の外面的な前史を概観させるだけでなく、精神的な諸前提や、ペスタロッチーがあの革命の年に直面して着想した一般的な教育の目標設定についても概観させる。

フランス革命ならびに革命が近隣諸国へ及ぼした影響は、人間の本質—ここではペスタロッチーの「人間性」の概念の意味である—の「放置」ということに帰せられる。だが、恐怖の出来事自体はそれほど嘆かれることではなく、「すさみきった人々」が一般に「その最も大切な問題に対する慎重な態度」へと連れ戻されるべきだとすれば、それは必然的なものと解される（18頁8行目以下）。放置の非難―それはフランス革命についてのペスタロッチーの初期の著作が証明している―は、決して革命をひき起こした人間だけでなく、古い政治的関係の担い手や推進者、受益者にも、少なくとも同様の厳しさで結びついている。ペスタロッチーは―彼の政治的思考の初期の段階とは違って―、「（新しい―著者注）政治形式の外面的なものなど信じませんでした」（18頁11行目）ということを告白している。同時に、政治的なものの意味は否定されるのではなく、どんな政治形式もその価値と同時にその真の保証を内面的な力によってのみ獲得することができることが示唆されている。ここでペスタロッチーは、教育、より厳密には民衆教育に一貫して注目している。

「民衆教育」（Volkserziehung）の概念のなかで、ペスタロッチーが「民衆」（Volk）という言葉を用いる場合に、あくまでも一八世紀の用語として限られた意味範囲のものが含まれている。それは「下層の」「貧しい」民衆のことであり、それゆえ下層階級、つまり農夫や小作人、日雇い労務者、工場労働者―あの初期産業主義の時代において、とりわけ家内工業に従事している人―、そして自立していない手職人等を示している。この時代にペスタロッチーが、後期の著作において特に評価される、いわゆる「中間階級」―自立した手職人や小商人や下級官吏―をも「民衆」ないし「貧民」の概念に含めていたかどうかを決定するのはむずかしい。

それゆえ、ペスタロッチーにとって民衆教育は社会学的に見れば階級教育、つまり子供たちがこのなかに生まれる階級の枠内での教育のことであり、この階級のための教育を意味している。しかし、「下層階級」という概念は、ここでは全く否定的な意味はない。それどころか、―まさにシュタンツだよりが示すように―ペスタロッチーにとって本来的、人間的なものに対して特別の思い入れが含まれているのである。さらに言えば、階級的な社会秩序は、全く静的なものと見られており、ペスタロッチーにとって「移動性」や「上昇意志」といった要因はこの段階では教育学的に重要な要因と考えられていなかった。「民衆陶冶」によって、子供たちは「階級から引き離されるのではなく、むしろその階級にしっかりと結びつけ」られるべきものである(19頁4行目以下)。ノイホーフでの活動以来、「貧民は貧困に耐えうるまで」教育されねばならないということは、ペスタロッチーにとって彼の教育学の議論の余地のない原則であった。これは反動的な綱領という意味ではなく、原則的に変わらないもの、神が付与したものとみなされる社会的な階級的層に対してである。また、真の人間性は「貧民」にとって、「上層」の階級の帰属性に劣るどころか、むしろより直接的に獲得できるという確信からである[6]。

③　書簡の18頁15行目から19頁14行目の文章には、ペスタロッチーやその政治支援者たちが、彼らの計画を通じて根本的な改革や「教育制度の改革」(19頁2行目)をめざして努力したことが証明されている。将来の民衆教育者を教育することによって、ほとんどユートピア的とも言える気持ちをいだかせるこうした計画は、いち早く実現しうるものと思われた。つまり、その計画とはペスタロッチーがシュタンツ以前にすでに計画していた教育施設を意味している。それは同じような組織に対する一つのモデルを示す必要があった。そこで教育されねばならない「この国の最も貧困な子供たち一人一人」(19頁3行目以下)は、初めから将来の民衆教育者とみなされている。しかし、彼らのすべてが将来の職業教育者や教師にまで陶冶されるべきだと無条件に言っているのではない。彼らは、後に家庭的な生活圏の範囲を踏み出して、隣人や村落共同体のなかで民衆教育に活かされる模範的な父や母にまで陶冶されるべきなのである。

④　教育施設を開設すべき場所の選択に対して、ペスタロッチーがとっている根本的な観点に関する節のなかから、本質的な見解が二つ明らかになる。第一に、道徳教育や教授と農業や工業

の労働への教育とを相互に結びつけようとするノイホーフの主題が意味をもつのは、後に示すように、労作教育の意味づけが変えられたときである（59頁2行目以下）。ペスタロッチーの求めた場所を示すはずの「外的な教育手段」（20頁1行目以下）というものが何を意味するかは、はっきりとは伝えられない。田舎の魅力ある環境なのか、十分な使用人なのか、好都合な建物なのかはっきりしない。第二に、ペスタロッチーが最初に計画を立てた場所の選択基準をシュタンツの状況を描く前に直接定めるとき、その対照によってシュタンツの仕事が外的な前提条件にいたるまでのある種の教育的限界状況をあらわしていることも示している。ペスタロッチーは外も内もカオスのなかで、一つの教育州を築いている。シュタンツだよりは、限界状況の教育学としてはじめて、正しく理解されるように思われる。ペスタロッチーの教育的努力は、人間的なものの限界に―すなわち内的にも外的にも放置されていること―に即してはかられるがゆえに、彼の態度を通じて、いわば教育的なものの根源現象を直接に直観させることができるのである。彼が引き取った子供たちは、「人間性」と「非人間性」のあいだの限界にあった。しかも、子供たちの限界状況は、教師ペスタロッチーの限界状況とも一致していた。すなわち、ノイホーフでの彼の最初の教育の試みが挫折して以来、二〇年に及ぶ詩的活動、政治的・哲学的・文学的活動のなかで、実践的・教育的な確証を求めたいという願望、もっと言えば模範的で教育的な活動に就きたいという感情が、彼のなかに芽生えたのである。このように、教育的な愛や責任の根源から出発して、教育実践における最終的な挫折や失敗の危険をおかしながらも、もっとも深い教育的なはたらきの可能性が彼の前に開示されたのである。教育学の世界の文献のなかで、私の知る限りでは教育的限界状況、根源状況の比較できる叙述の唯一の実例があるだけである。すなわち、それは『教育詩』が彼を生き生きとさせるように[7]、ゴーリキ・コローニアにおけるマカレンコの教育の開始である。通常の教育状況は、「根本的」でも根源的でもないがゆえに、危険性も可能性もさほど大きいものではなく、そのなかで教育的なものが純粋な形で示されることはめったにない。だが、このような見方からは、シュタンツだよりの教育理論がどの程度「通常」の教育状況に移されることができるか、という問いも生じる。

⑤　ペスタロッチーはシュタンツで出くわした外面的な諸前提を記述している(20頁11行目以下)。この叙述のなかには、三つの原則的な省察が挿入されている。それらの解釈については、とりあえずわきに置いておくことにしよう。所与の直観的な描写は、二箇所だけ説明ないし強調が必要である。

1　第一に、ペスタロッチーが委託を受けた、放置された子供たちに関する叙述において、放置の原因を二つにはっきり区別することが重要と思われる。子供たちのかなり多くのグループは、少し以前からあらゆる面で大人の保護を欠いていたのが明らかである。第二の比較的小グループは、経済的に保証された家庭的関係をもち、一部は甘やかされてもいたが、そこから突然引き裂かれた子供たちであった。放置のあらわれ方は、両グループに共通の特徴とともに、一部は異なった特徴が見られる。不信感と冷酷さは、すべての子供たちがもっていた。第一のグループの場合、攻撃的(「あつかましさ」と「ごまかし」)な者や断念的(「寛容」だが不安でいっぱい)な者がいた。第二のグループの子供たち―ペスタロッチーが「柔弱」と称しているように―は、より貧しい仲間に比べて、要求がましく尊大であったことが証明されている。[8]

2

言及されねばならない序論的叙述のなかの第二の文章は、シュタンツの住民に対するペスタロッチーの立場を論じたものである(28頁5行目以下)。ペスタロッチーは、改革派の異教徒である彼がカトリック住民と対立した際の、強い「宗教的不協和」つまり「宗教的不信」について語っている。にもかかわらず、彼はシュタンツだよりにおいて、彼自身は改革派の教育者でありながら、子供たちはカトリックの宗派であったという事実のなかで、ある教育学的問題を見たことについて、ここでも、その後にも明らかにしていない。少なくとも教育的限界状況において―そのように推論されるが―違う宗派ということは、ペスタロッチーの目から見れば、一方の教育的責任と他方の子供の教育可能性には関係がないということである[9]。いかなる原理的な重みがこのような確認に帰されるべきかは、シュタンツの限界状況においてー大部分の他の教育的関係におけるよりはもっと根本的にー人間性の救済か喪失、人間存在一般の可能性が問題であることを意識するとき、直ちに明らかになる。残念ながらペスタロッチーの書簡における言説からは、彼の把握を根拠づける推論を行う余地はないが、少なくとも三つの解釈の可能性が残されているにちがいない。すなわち、一つは、教育者と生徒に共通するキリスト性が信条告白の違いよりも重要だという確信に基づくため、宗派の違いを無視できたということが考えられる。別の解釈は、シュタンツの子供たちはある人間的な危機状態に陥っており、そうした場面ではペスタロッチーにとって宗派の問題など重要でないということである[10]。第三の最も根本的な解釈の可能性は、ペスタロッチーにとって教育的責任は原則的にー教育的限界状況においてだけでなくーその意味をそれ自身のなかにもっているということである。それは人間的態度一般を示しており、なるほどあらゆる信仰の確信やあらゆる世界観からー教育的行為のあの固有の意味を否定しないかぎりー実現されるものである。またそれ自体まず宗教的ないし似非宗教的立場から推論され、正当化されるのではなくて、自ら根源的なものであり、この意味において、絶対的な価値を内在する、あらゆる信仰や世界観の内容によって満たされるということになる。

⑥　われわれは原則的なものに進む既述の省察の解釈にいたる。ペスタロッチーはそれを所与の関係の叙述のなかへ織り込んでいる。それと同時に、外面的な前提の叙述と、彼の教育活動にとりかかった内面的な確信の叙述とを比べている。

1　第一の省察は、子供たちの放置の描写および「学校教育がまったく欠けていること」(22頁13行目)の言及に直接結びついている。ペスタロッチーはこのような外見上絶望的な予定条件にもかかわらず、十分な確信を持って再び仕事にとりかかったことについて、次のような信念によって根拠づけている。すなわち、「最も貧しい見捨てられた子供たち」にも、神は根源的な「諸力」「素質」「能力」を与えられたという信念、さらにまた、まさに外面的な困窮の状況は、人間に「事物の最も本質的な関係」を―あえて意味に即して補足すれば、自分自身に「直観」させ、諸力を―形成するように刺激する、という経験によって根拠づけている(23頁3行目以下)。そのためには、「このような環境のぬかるみ」の浄化、すなわち愛を喪失した「粗暴さ」の浄化や、自己保存について無責任に世話されている存在の浄化が必要になる。ペスタロッチーは子供たちを「単純ではあるが純粋な家庭的環境ないし家庭的関係」(23頁7

行目以下）へ置こうとする。だが、この文章を初期の時代に根拠づけられた環境教育学の意味で解釈しようとするのならば、全く道を誤るであろう。「環境の純粋さ」は外面的な清潔さ―それはせいぜい本来的なものの一つの徴候ではありうるが―に結びついているのではない。ここで言う「純粋さ」とは、教育的な愛―「私のこころが子供たちの状態を……変えるであろうことを……確信した」（23頁12行目以下）―に基づいているのであり、子供たちに対する無条件の愛着に基づいているとも言えるのである（26頁9行目以下）。

2　第二の原則的な熟考のなかで（25頁13行目から26頁11行目まで）、ペスタロッチーはシュタンツにおける活動について、一般的な意味づけを試みている。「私はもともと、公の教育は家庭教育のもつ長所を模倣しなければならないということを、私の実験によって証明しようと思います」。

この長所を、ペスタロッチーは次の点に見ている。それは、―通常の学校の授業とはちがって―「人間の教育に必要な全精神を包含すること」（26頁2行目）ができるということである。「家庭的関係の全生活」―所与の事物や経済状態や家庭の構成員のあいだの人格的な関係が基本的な特徴とすれば、先に引用した「全精神を包含すること」という表現は、家庭のなかでその存在のあらゆる方向において教育的に要求される、子供の本質に結びつけられねばならないだろう―や「家庭的関係」という言い回しの意味は、次の文章により詳細な規定がなされている。すなわち、家庭ないし「居間」はペスタロッチーにとって注意深い「母親のまなざし」(26頁5行目)と、家庭的環境の全範囲にわたってはたらく「父親の力」(26頁7行目)との両極の教育的な活動領域からなる。最後の文章は、ペスタロッチーの意味において逆にすることもできよう。つまり、家庭が母親の配慮と結びついて教育的にはたらくためには、家庭を鼓舞しなければならないのは「父親の力」だということである。事物それ自体に―ルソーがそれをなしたように―教育的機能が与えられるのではなくて、ただ人間によって作り上げられた一定の人間的な意味関係にある事物と環境とに、その機能が与えられるのである。

3

第一の省察は、とりわけ次のことに向けられていた。ペスタロッチーの確信によれば、放置された人間であってもなお残され、しかも、「家庭的環境」の人間的に純粋な関係を通じて活動性にまで目覚めさせられる、あの潜在的な力の可能性を示すことであった。第二の省察は、学校教育や郷土教育に模範的に役立つはずの、家庭におけるあの純粋な人間的環境の本質を明らかにした。さて第三の省察は、確実な仕方で第一の省察に結びつき、内にまどろむ人間的な可能性の覚醒の問いを厳密に定めた。いまや重要なのは、あの潜在的な可能性を道徳的な善へと目覚めさせることのできる諸条件である。ペスタロッチーの答えは、一見矛盾しているかのように思われる。まず第一に肝心なのは、人間つまり子供は「好んで善を欲する」(26頁12行目)が、子供はそれを教育者のために欲するのではなく、「自分自身のために」(26頁14行目)欲するということである。この「自分自身のために」ということは、文字通り見れば倫理的功利主義の意味で解釈されることができる。つまり、子供は自分が必要とするかぎりにおいて善を欲するということを、ペスタロッチーが直に感知したように思われる。次の文章は、こうした解釈に明らかに反している。「自分自身のために」ということは、教育者の恣意に対して述べられており、「事柄の本質上それ自体善」ということと同一視されている。「自分自身のために」ということは、要求されたものが「子供の眼に善として映」(27頁1行目)らねばならず、子供は「善を欲するまえに、あなたの意志が必要であることを、自分のまわりの状況や自分の必要から感じとっていなければならない」(27頁1行目以下、関係代名詞の「それ」(dasselbe)は先行の文章のはじめに「善」と結びついている)。今や「彼らのまわりの状況や自分の必要から」という表現は、次の短い段落で説明がなされている。

特徴的なのは最初の規定である。つまり「子供は自分が愛する一切のものを欲します」(27頁4行目以下)。ここで、子供の教育において周知の表現形式である人間学的、教育学的な深い意味に注意が向けられる。すなわち、「愛する子供」「汝は愛に応えたいか」「私は愛に応えたいと思う」といったことである。あの「両親を愛する」なかで、子供は自分が善であり、善をなしているという確証を経験するのである。子供は善に気づき、それを確かなものにするため、大人によるこの確証を必要とするのである。ペスタロッチーが挙げている第二のモチーフもまた、驚かせる。すなわち、「彼に名誉をもたらすものなら何でも、彼は欲します」(27頁4行目以下)。ペスタロッチーはここで、プラトン的に言うならば本質的に人間のティモス層に根ざすあの名誉概念に注目しているのか、それとも名誉概念により純粋で特殊な道徳的性質を与えているのかは、未解決のままである。ペスタロッチーが別に二つのモチーフを取り上げているのは明白である。すなわち「大きな期待」と、より新しい教育用語で語られている「見込み意識」である。

それゆえ、ここでは全体的に、子供にとって可能な道徳についての極めて現実主義的な理解が示されている。それは大人によって子供に媒介される自己確認のモメントとなお不可分に結びつけられている。子供が可能である善は、子供にとってそれが生活感情であり、世界および彼自身の力への信頼を保証し高めるということによって、まさに善なるものとして明白に示される。

次の文章で(27頁7行目以下)、ペスタロッチーはすでに道徳教育の方法ないし教育の方途についての後の説明を先取りしている。それは後に話題になるであろう。

(2) 道徳教育の方法

①　29頁4行目以下の文章で、ペスタロッチーは予め特徴づけた状況の呼びかけに対する具体的な教育的解答を叙述することに移る。道徳教育の方法についての彼の理論は、実践的行為の叙述と密接に結びついて展開する。その際、われわれが使用している方法の概念は、とりあえず考えられる最も広義で理解されねばならない。やっかいなことに、二つの意図、すなわち年代的に順序づけられた報告を提供することと、同時に体系的な理論を展開することとは、叙述のなかで相互に結びつけられている。すなわち、報告は個々の局面の相互の関係のなかで先行しなければならないが、体系的な理論は個々の局面や課題や方策を全体の関連のなかでのみ理解させ根拠づけることができる。したがって、まとめや先取りや回想の助けが必要である。これに加えて、ペスタロッチーの原則的な熟考は決して手紙を作成する前に体系的にじっくり考えられたのではなく、理論は手紙を書き下ろす間に個々の書き出しのなかで展開されたのであり、手紙は最初シュタンツの実験の経験をある友人に報告するだけのものだったのである。さまざまの思想的端緒を概観し、それらを秩序づけ評価してはじめて、手紙のなかに隠されている道徳教育の方法(教育の道)の全体関連を確かなものにすることができる。それゆえ解釈は、シュ

タンツだよりのなかで相互に交錯している二つの観点―年代的・報告的観点と体系的・理論的観点―を、その必然的な関係を相互に―根本経験として、またそれにむけて方向づけられ秩序づけられた省察として―無視することなく、はっきり区別しなければならない。したがって、単純に原典の順序をたどることは、不可能である。われわれの解釈は、ある仕方においてペスタロッチーがたどった道とはまさに逆の道を進むことになる。それは、ペスタロッチーのあの原理的な命題がその妥当な要求に従ってそこから実践が導かれた先行の定理ではなく、実践と理論がまだ相互に分かれていなかった、先行の教育活動や教育経験の解釈であることを十分知りつつも、その原理的な命題から出発し、ここから実践の叙述をとらえなおすことにする。

② 原典の二箇所で、ペスタロッチーは「道徳的基礎陶冶」(sittliche Elementarbildung)、すなわち先のあらゆる発展段階を基礎づける基本的な道徳陶冶の彼の理論の命題的なまとめを試みている。37頁14行目から38頁8行目までがそうである。すなわち「私の……やり方は、次のような原則から出発しました。すなわち、まずあなたの子供たちのこころを開くようにしなさい。そして彼らの日々の要求を満足させることによって、愛と善行を彼らの感情や経験や行為に近づけてやりなさい。そうすることによって、愛と善行を子供たちのこころに基礎づけ、確かなものに

しなさい。それから、この善行を子供たちが自分の仲間のあいだで確実に広く実行できるように、彼らの多くの技能を鍛えてやりなさい。最後の最後に、善悪の危なっかしい記号、つまり言葉がきます。その前に、この言葉を毎日の家庭的な場面や境遇に結びつけなさい。そして、その点に完全に基礎づけられているかどうかに心を配りなさい。それは、あなたの子供たちが彼らのなかで、また彼らの身の周りで起きている事柄をはっきりと認識するために、彼らの生活や人間関係についての、正しくかつ道徳的な知見を育てるために必要なのです」。

少し後に、ペスタロッチーは彼の三段階論のきわめて重要な定式を与えている(47頁6行目から47頁9行目まで)。「道徳的な基礎陶冶の領域は、一般に三つの見地に基づいています。すなわち、純粋な感情によって道徳的情調を生み出すこと、正しいことや善いことについての克己や努力によって道徳的練習をつませること、最後に、子供たちに自分の存在や境遇をとおして、正義関係や道徳関係について熟考したり比較させたりすることによって、道徳的な知見を育てることです」。

別の二つの文章では、それほど包括的で明確ではなく、その都度、先にあげた個々の見地だけが強調されている。すなわち、「この(善への―著者注)意欲は、言葉によって彼らの(本来ihmと言わねばならないだろう―著者注)こころに喚起される、感情と力によって生み出されます。言葉は事柄そのものを生み出すのではありません。事柄をはっきりとらえる意識を与えるにすぎないのです」(27頁7行目から27頁10行目まで)。「このように、私はどんな徳についても口で言うまえに、その徳についての生き生きとした感情を呼び起こそうとしました(第一の見地―著者注)。なぜなら、私は子供たちが自分で何を言っているかがわかりもしない事柄について、子供たちと語り合うのはよくないと思ったからです。これらの感情に、さらに私は克己の練習(第二の見地―著者注)を結びつけました。そうすることによって、この感情を実生活に直接応用させ、態度を身につけさせるためです」(42頁5行目から42頁9行目まで)。

われわれは三つの見地のそれぞれの意味を、ペスタロッチーによって記述されている独自の実践の助けでもって明らかにしようと思う。その際、三つの段階のそれぞれの範囲内で個別化することになるであろう。

第一段階　多面的な配慮―こころを開くこと―信頼の覚醒

1　ペスタロッチーはこの段階を、まず「純粋な感情による道徳的情調」(47頁6行目以下)の覚醒として、あるいは「こころを開く」(37頁15行目)こととして特徴づけている。だがこれに到る道は、「彼ら(子供たち―著者注)の日々の要求の満足」(37頁15行目以下)からはじまる。ここでは決して肉体的な要求だけを意味しているのではないのは明らかである。またそれを満たすことですら、肉体的な浄化や満足などに汲み尽くされるものではない。さもなくば、そのような「満足」が子供たちを道徳的情調へと転じ、彼らのこころを開き、彼らの「愛と善行」に近づけ、それを「その内面のなかに基礎づけ、確かなものにし」、彼らのなかに「信頼」と「愛着」(27頁11行目)を目覚めさせ、それを「より晴れやかに」することができるといったことを、どのようにして期待することができたであろうか。満足や浄化などは、それがあらゆる健全な家庭において「母親のまなざし」と「父親の力」の相互作用のなかで子供に分かち与えられているように、ここではむしろ「多面的な配慮」の外面的な側面として理解することができる。諸々の要求の満足は、愛から生じることが決定的なことなのである。愛によってのみ、「配慮」は道徳教育に対し直接結びつくのである。それと関連して、ペスタロッチーがそのような多面的な配慮の作用を言い表している概念(上記参照)は、彼が以前に放置の状態を特徴づけた概念(21頁11行目以下)の対立概念として理解されることができる。

ペスタロッチーは29頁4行目以下で、ほとんど讃歌的と言える言葉(像の豊かさ、並列法)で、子供に対する「多面的な配慮」の課題についての彼の徹底的な献身の様子を描いている。ここで重要なのは、後に見られるような理想化ではないということであり、このことは、その成果を妨げる諸々の困難についての幻想なき叙述が証明している。ペスタロッチーは、子供たちは彼の愛を「そう簡単には」信じず(30頁10行目)、何人かの子供は彼のもとから逃げ去った(34頁6行目、34頁12行目)、と言っている。それゆえ彼の処置において重要なのは、子供たちの巧みな「不意打ち」でもなければ、手っとり早い成果でもなければ、あるいは敬虔の念を起こさせる人格の魅惑的な影響でもない。しかし、以下のすべては、ペスタロッチーの濁りなき現実主義的なまなざしを証明している。ペスタロッチーがその後で—おそらく的確であろうが—ある心理学的な浄化過程として説明している多くの子供たちのかかった熱病の叙述(30頁14行目)がそうであり、無思慮な両親が原因であるさまざまの妨害(32頁6行目以下)に耐え忍ばねばならなかった彼の屈辱(32頁7行目以下、33頁2行目以下参照)の言及がそうである。また、愛情のこもった配慮によって次第に「素直に」(33頁13行目)なり、「親密な愛着」と「こころからの帰依」(34頁9行目以下)を生み出した子供たちと並んで、そのような愛着を真実とは感じなかった(34頁10行目)けれども、「妬みから真似た」にすぎない多くの者がいたということも現実主義的なまなざしであり、結局は手紙の最後の自己批判的な言及(67頁8行目から67頁12行目まで)もそうである。

右に述べた諸々の困難にもかかわらず、ペスタロッチーは次第に多数の子供たちを彼らの不信の狭隘さや不安から解き放ち、また要求に応じないことからも解き放つことに成功した。その徴候として、個々の子供に芽生えた彼に対する信頼(36頁1行目)と、一部はほとんど疲れを知らない個人的な学習意欲(35頁5行目)とを挙げている。しかし、組織だった授業による指導というものは、さしあたり行わずに済まさざるを得なかった。

2　ペスタロッチーの把握によれば、これまでに達成されたものでは、こころを開くことの段階の半ばがようやく成し遂げられたにすぎない。なぜなら、子供たちの開示性や要求可能性は、それまでのところは個々の子供たちのペスタロッチーに対する関係に限られているからである。だが道徳的基礎陶冶の第一の課題は、個々の子供の「道徳的情調」が家庭共同体の全体を包み込み(37頁6行目以下)、子供たちが兄弟姉妹関係を互いに獲得したときはじめて、完全に解決されたとみなされる。それゆえ新たな課題は、近代的に言えば、教育共同体の構築、つまり内面的、外面的な共同体秩序を築くということである。

ペスタロッチーは「予めつくられた計画」(36頁5行目)や「外面的な秩序や凡帳面さ(まっすぐ立つことなどが補足される—著者注)を執拗に強制したり、あるいは規則や規定について説き聞かせて、彼ら(子供たち—著者注)の内面を醇化する」(36頁12行目以下)試みを行っても、彼の状況において見込みのないものとみている。既存の「前秩序」(P・ペーターゼン)へと習慣づける原理やあらゆる「環境教育学」に対立して、「子供たちを外面的なものに対しても活動的で、注意深く、親切で従順にさせるために」、彼はまず、彼ら自身の「内面的なもの」や「正義や道徳の情調を彼らの内面において鼓舞」(37頁1行目以下)しようとする。外面的秩序は、「施設のより高次の精神と、子供たち自身の調和のとれた注意深さや活動から生まれるものであり、また子供たちの存在ならびに要求と社会的関係から直接生まれるべきものでした」(36頁7行目以下、58頁2行目以下参照)。

教育者による多面的な配慮の段階において、子供たちが本質的に受容者の立場にあったとすれば、いまや求められる教育共同体の構築は、—つねにこころを開くことや「正義や道徳の情調」(37頁1行目以下)を目覚めさせることが重要ではあるが—、すでに子供たちの能動的な協働というものが必要である。兄弟姉妹の感情というのは、大人に対する信頼のように受け身的に経験される配慮からは目覚めさせることはできず、子供たちの相互の交わりや援助や顧慮のなかでまさに形成される。それゆえ、その新しい課題を解決するために、最初から道徳教育の第二の見地、つまり「正しいことや善いことにおける克己や努力の道徳的練習」が必要であった。「こころを開くこと」は「多面的な配慮」の仕方で、子供の固有の道徳的行為の呼びかけに先行しなければならない、道徳教育の歩みにおける時間的に第一の段階とみなされるとすれば、教育共同体を構築する課題に直面して、情調の覚醒と実践的行為は、順を追って続く段階ではなくて、共に、また相互にはたらく要素とみなされねばならない。

残念ながら、ペスタロッチーは、特にこの新しい課題に捧げる彼の教育的方策や子供たちの反応について、ここでは詳細には立ち入ることなく、ただちに彼の努力の結果について報告している。「まもなく七〇人ほどの非常に粗野な乞食の子供たちが、小家庭における兄弟姉妹のあいだにもほとんど見られないような平和や愛と親切と誠意をもって互いに生活しているのが見られました」(37頁11行目以下、49頁6行目以下、50頁4行目以下参照)[11]。

第二段階　道徳的行為

子供たちを「兄弟姉妹にさせ」「施設を一つの大きな家庭の単純な精神に融和させる」(37頁8行目以下)という課題についてのペタロッチーの説明は、すでに道徳的基礎陶冶の彼の「見地」の第二のものへと拡大する。その内容を、ペスタロッチーは次のような文章によって示している。すなわち「正しいことや善いことについての克己や努力による道徳的練習」(47頁7行目以下)である。別の箇所で彼は、—道徳的情調の覚醒の後に—ここで問題なのは、子供たちに「この善行を子供たちが自分の仲間のあいだで確実に広く実行できるように、彼らの多くの技能を鍛えてやりなさい」(38頁2行目以下)という言及によってこの規定を補っている。次の文章も同じ意味に理解できるであろう。「私は毎日家庭的な自立への確固たる力を子供たちのなかに育てようとしました……」(49頁14行目以下)。それに対して、43頁14行目に述べている「道徳的技能」は、上に挙げられた「克己の練習」の目標を示している。

先の段階に比べて新しい段階の一般的な特徴は、すでに示唆したように、子供たちに求められる活動であり行為である。道徳教育のこの「実践的段階」は、―右の引用の文章から明らかなように―三つの形式で展開される。すなわち道徳的に真剣な状況における行為(「正しいことや善いことにおける練習」)として、自己訓練の多かれ少なかれ形式的な練習(「克己による練習」「道徳的実践力」)の形態において、さらには共同生活の克服と形成への能力の獲得として展開される。

1　道徳的に真剣な状況における行為は、道徳教育の実践段階における核心をなすものである。ここでは仲間的存在のあいだにおいて道徳的な行動の動機に関する経験が、少なからず重要だからである。このことは、啓蒙の合理主義や汎愛派の功利主義や敬虔派の改心教育学に対して、ペスタロッチーの決定的な発見というべきものである。すなわち、道徳的な動機の意味、つまり「正直」や「顧慮」や「正義」や「いたわり」や「許し」などが本来意味するもの、それらを仲間のために自ら求めるものは、理論的・合理的に媒介されるのではなく、何よりも具体的な状況において直接経験されねばならないのである。先行の具体的な経験の意味は、反省を通じて後から意識つまり概念にまで高められるのであり、こうした概念を合理的に自由に処理することができ、また処理しなければならないのである。道徳的な経験や要求や動機によって求められるものの前提となるのは、教育者が子供に道徳教育の第一段階で目覚めさせる、信頼の開示ということである。子供たちにとって、教育者の行為において直接に何ら概念化されず、道徳的なものの現実として出会ったものこそ、これが求められた経験として、具体的な状況における自己の行為へと呼びかけるはずである。

具体的な状況におけるそのような行為は、シュタンツではまず共同生活の内面的秩序およびーそこから生じるー外面的秩序の構築の際に、つまり、われわれがすでに家庭的で兄弟姉妹のような情調を形成する実践的な相関概念として認識したあの課題にとって明らかになる。そのような秩序や原理は段階的に彼と子供たちとのあいだの教育的関係から、また「子供たち自身の調和のとれた注意深さや活動から生まれるものであり、子供たちの存在と要求と社会的関係から生まれるべきものである」(36頁7行目以下、42頁9行目以下参照)ということを、ペスタロッチーは二度にわたって特に強調している。これらの課題がシュタンツでどのように具体的に解決されたかということについての示唆はあるが、手紙のなかでは残念ながら反省の段階についての説明のなか（50頁5行目から53頁6行目まで）と、処罰の問題との関連で見出されるにすぎない。これらは、他の思想的展開との関連において解明されねばならないだろう。ここで引き合いに出されているのは、ペスタロッチーとの特に親密な関係に甘えて、他の子供を「不当にも威し」た女の子の例である。ペスタロッチーがその子を罰した後で、その子は自発的に許しを乞うた（46頁2行目以下）。ペスタロッチーがこのエピソードを処罰の作用に対する実例として挙げたとき、それは同時にシュタンツの外面的秩序のなかへ―ここでは謝罪の形式で―ある子供が教育者の訴えに自分自身のなかで、それとともに他の内面的な、―またそこから生じる―外面的な秩序を築き上げる仕方に対する特に模範的な実例として理解することができる。『探究』の言葉で、つまりここで子供たちは、道徳的に真剣な状況のなかで「自己自身の作品」に達するのである。―この実例はわれわれの関連にとって、そこからシュタンツで内面的秩序も外面的秩序も生じた大部分の状況は求めるところが少ないとしても、範例的であると言ってよかろう。

シュタンツの教育共同体の共同の構築のなかで日に日に芽生えたあの内面的な力が証明試験に及第するのは、子供たちのなかに道徳的行為の地平をシュタンツの施設に結びつく本来の範囲を越えて拡大する用意ができた瞬間においてである。子供たちが―彼らにそこから生じた場所や食べ物や着物の制限にもかかわらず―よるべない幼い運命的な危機に脅かされた人たちを火事に見舞われたアルトドルフから引き取らざるを得ないことを決めたことによって（40頁12行目以下）、彼らはその道徳的情調が自分たちの小さな共同体に限らず、つまり「グループの精神」として理解されるのではなくて、包括的な共同性として説明されることができる、ということを証明した[12]。

ペスタロッチーはこの最初の彼の施設の拡張によって、それまで達成したものを疑問の余地なく賭けた。彼は自分と子供たちに、その克服がどう考えても保証されているとは思われない道徳的努力を勇気づける。彼はここで、道徳教育の値切ることのできない要因としての、道徳的に真剣な状況における確証への一般的な要請を越え、この状況において、たとえ後からの熟考において明白に語られなくとも、自分と子供たちに、意識的に挫折の冒険を設定する。

私の知るところでは、原典の解釈によって、ペスタロッチーが他の著作では明白に設定しなかった体系的・教育学的問いが生じる。すなわち、冒険を原則的にあらゆる現実主義的な道徳教育の決定的な試金石とみなさないのかどうか、結局、家庭や学校や社会教育などにおいて、それが予知されない状況から「ひとりでに」現れない場合に、教育によって直接捜し求められねばならないのか否か、という問いである。

2

実践的な行為の段階であらわれる道徳教育の第二の形式を、ペスタロッチーは「克己の練習」(42頁8行目)あるいは「克己による練習」(47頁7行目以下)と呼んでいる。その意味は、それが「あらゆる徳についての生き生きとした感情」を「実生活に直接応用させ、態度を身につけさせるべきだ」(42頁8行目以下)と規定できよう。ところで、このような態度を獲得するには克己の努力が必要なのはいうまでもないが、しかし、シュタンツにおいてペスタロッチーが証明した真の達成目標は、決して継続した意志の緊張でなかった。それは「あらゆる高貴なものや善への」(44頁3行目)晴れやかさやこころの安らぎや緩和されたこころの用意であったのである。

このような目標への道についての言説に、ペスタロッチーの道徳教育一般の方法に関する一つの原理が読みとれる。すなわち方法と目標の一致ということである。自己鍛練の成果がこころの安らぎや晴れやかさであるべきだというのであれ、この目標は方法自体の上につねに輝いている。ペスタロッチーが授業や一般に彼が居合わせるなかで要請した沈黙のなかで輝く一方で、他方では彼が身体的訓練のちょっとした練習をさせようとした戯れのようなもののなかでも輝いている（42頁12行目以下）。

ペスタロッチーは、克己のそうした練習に極めて高い価値を見出すことができると考えている。その結果、彼が経験から学んだのは、「道徳生活のためにちょっとした態度に慣れさせることが、どんな教訓や説教よりも比較できないくらい道徳的技能の実際的な教育のために役立つということです。それは、道徳的技能についてこのような訓練なしに行われるどんな教訓や説教にも勝るものでした」（43頁13行目以下）ということであると、要約できる。このテーゼは、ペスタロッチーの説明の全体関連のなかではじめて正しく理解される。第一に、ここでは道徳教育の核心が重要なのではないということ、第二に、ペスタロッチーはそのような練習を、すでに目覚めさせられた道徳的情調を前提にして要請しているということである。第三に、それは―それ自体が形式的な仕方であっても―子供たちに共通の生活から理解し得る意味関係のなかにある。第四に、この練習も（われわれの解釈のなかでなお取り扱われねばならない）反省の段階とは対照的なものである。

ペスタロッチーの場合、この練習が常に形式的に操作されたわけではないことは、授業における沈黙の実例が示している。ここでは、授業の客観的な諸要求が練習を意味深く基礎づけているのは間違いない。実際、子供たちに自己訓練への要求を条件として実質的に有意義な行為を体験させることは、原理的にも正しい。また最も多くの成果を約束させる方法もあろう。こうした練習がペスタロッチーにおいて形式的な性格をもつ場合、例えば「数時間、身体と頭をまっすぐにし、眼をぎょろつかせないように習慣づける」（43頁10行目以下、43頁6行目以下参照）「粗野な女の子」の実例の場合、—後に授業のなかで達成されるべき「精神力の練習」（59頁11行目）に関するように—彼は子供がそれを通じてなす「道徳的陶冶に向かって一歩前進したこと」（43頁11行目以下）を、機能的に考えられた「意志力」の強化の意味で、それゆえ「意志の練習」として説明することができる。このような筋肉の類推によって考えられた「意志力」の課題的で純粋に仮説的なモデル観が放棄されるとき、ペスタロッチーのテーゼは何か別の意味が与えられるであろう。つまり、そのような自己訓練への習慣のなかで獲得されるのは、「私は確かに自分を克服することができる」という経験である。したがって、それは固有の能力、つまり固有の意志的能力の可能性の特別の仕方の経験といえる。

処罰についての余論

ペスタロッチーが克己の練習についての説明に罰についての彼の思想を結びつけるとき、それはある外面的な結びつき以上のものである。むしろ、ここではある体系的な関連を想定しているのである。処罰はペスタロッチーにとって、自己訓練が重要である場合にのみ、教育的行為の空間にある位置をもつのは明らかである、子供のなかに「かたくなさや粗暴さ」(44頁10行目)が見られる場合、ペスタロッチーは体罰を加える。すなわち、自己訓練の敵、つまり利己主義に向かわせるものが他者の暴力的な障害に変わる場合である。ペスタロッチーは、二、三人の子供たちが最初に示した「かたくなさや粗暴さ」への傾向を、決して人間性に帰したわけではない。健全な家庭関係においては、体罰がなくても教育というものは確実にできると彼は考えていたのである(44頁12行目以下)。ペスタロッチーにとって、むしろ子供たちの放置の時代に長く根づいた悪い習慣が、そのような否定的な攻撃の原因となったのである。

処罰、つまり恐らく体罰は、ペスタロッチーにおいて道徳教育の第二段階における極めて限定された機能の一つである。それは子供たちに「正しいことや善いことにおける練習」をさせることができるのでもなければ、家庭的共同体における日常生活の能力を獲得する動機を作りだすわけでもない。子供は、自己訓練や積極的な動機が効果的になることに対して抵抗を示すことがあるが、この場合処罰を加えたからといって、決して抵抗を真に解消することができるわけではない。子供が意識的に悪をなすとき、誤った確信に対して衝撃を与えるだけのことである。また罰の作用は、ペスタロッチーによれば、子供が教育者の愛と善行をすでに経験し、かつそれを不断に新たに経験するということ、それによって彼の信頼が目覚まされるということとに結びつけられる。それを越えてペスタロッチーは、彼の折りにふれての処罰を、自ら後で彼の子供をその処罰の必然性への洞察へと導く目的を伴った共通の反省の対象にする(47頁1行目以下、48頁13行目以下参照)。このような深い組み入れのなかでのみ、処罰は彼の把握によれば教育学的に実り豊かなものになるのである。

「子供たちの情調や思考形式を左右するものは、教師が時折みせる個々の行為などではありません。あなたに対する子供たちの感情を決定的に左右するのは、毎日、毎時、繰り返され、彼らの眼に映るあなたの真ごころや彼ら自身に対するあなたの好意や嫌悪の感情の程度次第なのです。そして、事実このことが現に生じているように、個々の行為が子供たちに与える印象はどのようなものであっても、子供たちのこうした一般的な心情がしっかり備わるかどうかによって決まるのです。ですから、父親や母親の加える処罰が、子供たちに悪い印象を与えることはほとんどありません」(45頁2行目以下)。

3　実践的行為の段階にあらわれる第三の形式は、多くの「技能」の獲得ということである。技能の獲得によって、子供たちがすでに目覚めさせられた「善行を自分の仲間のあいだで確実に広く実行できる」(38頁2行目以下)能力が与えられるはずである。このような課題領域に対して具体例は欠けているが、子供たちが「家庭的な自立へのより日々の確固たる力」を獲得した(49頁15行目以下)、という後にあらわれる言及は、次のことを示唆しているように思われる。すなわち、われわれはここで家庭的共同体の毎日の生活に必要なあのささやかな技能の全範囲、すなわち料理の手伝い、部屋の掃除、洗濯などを想起しなければならない、ということである。重要なことは、家庭的技能はペスタロッチーにとって単に外面的に必要なはたらきというだけでなく、道徳的・社会的教育の関連における手段を示している点である。そのことは年長の力のある子供たちが喜びと誇りをもって引き受ける(64頁5行目以下)という、後に述べられる子供たちの手助けの行為においても当てはまる。ペスタロッチーはさらに、学習すること自体を道徳教育のなかに組み入れることにまで進む。それは彼にとってシュタンツにおいて子供たちに「すぐれた感覚を全面的に刺激し」(58頁7行目以下)「子供たち全体が私のねらいに沿って気持ちを一つにする」(58頁12行目以下)ための手段であった。このような学習の意味づけは、シュタンツにおけるペスタロッチーにとって、ノイホーフにおけると同様に、学習が原則的に労働と結びつけられるべきだ、ということに注目すれば、たちどころに明らかになる。その場合「労働」とは、とりわけ庭仕事や野良仕事ならびに家内工業（特に糸紡ぎ）の意味で理解されねばならない（59頁2行目以下、65頁14行目以下参照）[13]。外面的な境遇はシュタンツでのこのような結合をただ最初と最後だけ可能にしたということは、ここでは本質的なことではない。決定的なことは―ノイホーフのときとは逆に―、第一に両方の領域への二つの別々の入門コースの結合（59頁5行目以下）が先行すべきであったということ、第二にペスタロッチーは生産労働をもはや純粋に経済的にではなくて、教育的に「労働のための身体の練習」（59頁10行目以下）として動機づけており、それゆえある種の形式的に理解される産業の基礎陶冶として動機づけているということである。

第三段階　反　省

1　道徳的基礎陶冶の最後の段階、つまり反省の段階は、具体的な道徳的行為の領域における道徳的情調と子供の経験に基づいて構築される。ここでは反省の段階が「最終の段階」として示されているということは、事実的根拠と時間的根拠の関係を示唆しているが、価値序列といったものを示唆しているのではない。むしろペスタロッチーの場合に反省は、道徳的行為を必然的に援助するという純粋に役立つ機能をもっている。「最後の最後に、善悪の危なっかしい記号、つまり言葉がきます。その前に、この言葉を毎日の家庭的な場面や境遇に結びつけなさい。そして、その点に完全に基礎づけられているかどうかにこころを配りなさい。それは、あなたの子供たちが彼らのなかで、また彼らの身の周りで起きている事柄をいっそうはっきりと認識するために、彼らの生活や人間関係についての正しくかつ道徳的な知見を育てるために必要なのです」(38頁4行目以下、47頁10行目以下参照)。道徳的問いについての言葉を―啓蒙主義の活動やヘルバルト主義の道徳教育とは違って―最初にではなく、先行の道徳的経験を踏まえた反省として常に道徳的に重要な教育状況の最後に位置づけることを要請する根拠は、まず次の文章から分かる。すなわち「言葉は事柄そのものを生み出すのではありません。事柄をはっきりととらえる意識を与えるにすぎないのです」(27頁8行目以下)。そして「このように、私はどんな徳についても口で言うまえに、その徳についての生き生きとした感情を呼び起こそうとしました。なぜなら、私は子供たちが自分で何を言っているかがわかりもしない事柄について、子供たちと語り合うのはよくないと思ったからです」(42頁4行目以下、55頁5行目以下参照)。別の箇所で、問題になっている要請に対する別の根拠が見出される。つまり、ペスタロッチーにとって道徳教育において重要なのは、子供のなかにより高次の自己を目覚めさせることであり、その全存在の安定と「安心」を築くことである。その際、彼は「精神力の調和」(57頁15行目)を要請する。それは、この関連において、とりわけ主体的な可能性と子供たちがそれに関わり、後に一度はそれに関わるであろう客観的な環境との意識の一致ということである。ある人の道徳的、人間的な問題をめぐる知識が包括的になればなるほど、ますますその人にとって「自己と自己自身との一致」に達することが困難になる（57頁9行目）。現実の行為・能力が理論的な知識の背後に退くところで、ペスタロッチーは知識が人間を内面的に混乱させ、彼からその安らぎと「最も本質的な生の悦楽」を奪う「偽りの光」になるのを見る（57頁10行目）。このような言説は、次のように説明することができるであろう。すなわち、現実の道徳的経験や行為可能性よりも道徳的問題をめぐる知識をもっている人は、自分自身や仲間に、いつも彼がたとえ彼の生活圏の現実の限られた道徳的課題であろうとも、それに対して拒絶するであろう、ということである。というのは、彼はそれを自分の知識のきわめて抽象的な尺度ではかり、その単純さのゆえに、誠実に十分受け取らないと思われるからである。だがペスタロッチーは、しっかり構成された生活圏を信じ、その生活圏に即して教育活動を遂行し、また彼は子供たちの道徳的経験領域のなかに増大する「貧民」の可能な道徳的存在の基本線が予め示されているのを見る。このゆえに、反省の視界を経験の視界およびそこから直接解明されうるものに制限することを要請することができるのである。

ちょうどいま概観された熟慮によって正しい位置を指示するならば、スイス人の目には反省は道徳教育にとってまったく無視し得ない意味をもつ。道徳的に重要な個々の経験や「道徳的に生きた感情」のなかにいつも含まれている道徳的・一般的なもの、そのような経験あるいは感情のなかで言葉にあらわされる価値は、熟慮を通じて把握され、言葉や概念によって確保される。道徳的経験は、その視界のなかで限られた個々の体験の直接性から解き放され、子供たちが見通しうる生活領域の範囲内における正義と道徳の生活観にまで精錬されなければならない。重要なのは「賢明な根性と確固とした決意」(54頁7行目以下)であり、「真理と正義に対して極めて確実な、またきわめて着実なタクト」(55頁15行目以下、47頁1行目以下参照)である。思考のなかであらわされる体験の直接性から距離をとることは、方法的には次の点に反映している。つまりペスタロッチーは、子供たちが行為の活動から解き放され、観照に対して開かれているとき、—彼の中心的な言葉、つまり彼らが「沈黙」(38頁11行目)したとき—、対話の中で反省を行う。

反省の成果は、いくつかの「私たちの素質と私たちの環境とをすべて包括する偉大な命題」(54頁10行目以下、54頁7行目以下参照)でなければならない。それらは後にまた、「著しく発達し、かつ言葉などでは表現できない(ペスタロッチーにおいて一般的ではないパラドックス

―著者注）真理や正義の感情へと人間を単純に導いていくこのような人間認識の主要命題」（56頁1行目以下、56頁9行目以下参照）、あるいは「崇高で単純な真理」（57頁1行目）として示される。それは「心理学的に単純さや愛や安らかな力といったものとともに人間のこころのなかに移され」なければならない（54頁10行目以下）。そのような「主要命題」の実践的な価値は、ペスタロッチーによれば次の点にある。その光のなかで、また真理や正義に感受性のある情調に基づいて、多くの他の推論された道徳的認識は具体的な状況に直面して直接「おのずと人間の目につき」直観的にとらえられ―言語的な定式化なしでも有効になり得る（54頁13行目以下）ということである。外的な範囲によってまったく制限された基礎的・道徳的なあの基本原理と並んで、つねになお「個々の偏見」が存在しているであろうということ―とりわけ道徳的判断や行為の習慣主義や古陋が意味されている―を、ペスタロッチーは自信をもって我慢できると信じている（57頁3行目以下）。

シュタンツだよりは、ペスタロッチーがあの「主要命題」で述べたことをまったく単純に説明でき、具体的な状況から生じている若干の実例をその都度提供している。すなわち、「子供たちよ、この世のなかでは、人間は困窮から学ぶか、それとも信念から学ぶか、そのどちらかしかないんだよ。もし人間が理性によって導かれまいとしたり、何の困窮もなく暮らそうとするなら、ひどい嫌われものになってしまうだろう」(51頁13行目以下)。「おまえたちは悪口を言ったり、厚かましい中傷話をするので、だれからも嫌われている人間を知らないかね。おまえたちは年老いてから、おまえたちの隣人や家族や子供たちからさえも嫌われ、除け者にされないだろうか」(53頁3行目以下)。「おまえたちは貧しい者に助言をしたり、苦しむ人々の困窮や悲惨さに手をさしのべる以外に、偉大なことや美しいことについて何か知っているだろうか。そうしたことを理解もせずに、それができるかね。おまえたちはどんなに立派なこころをもっていても、無知なるがゆえにすべてを成り行きにまかせざるを得なくなるのではないか。しかし、もしおまえたちが多くのことを知っていたら、それだけ多くの助言もできるし、またいろいろなことが分かっていれば、それだけ多くの人々を困窮から助け出すことだってできるんだよ」(54頁1行目以下)。

引用された文章から読み取れるのは、ペスタロッチーが教育共同体における道徳的経験を共に熟考するなかで、一方では子供たちの自由な判断を求め—「私は施設におけるどんな出来事でも、子供たち自身に訴えました」(48頁3行目、48頁5行目参照)—ており、他方では、子供たちに彼自身の考えを広く(常に暗示的な中間的問いを入れて)展開する権利をもったということである。その際彼は、すべての子供は彼が確かな全体印象が確信できる限りは、彼の言葉の一つ一つを理解したかどうかについては些細なこととみなした(52頁13行目以下)。シュタンツに集まった子供たちの年齢の違いを考えると、年少の子供の理解力から見てある種の先取りをせざるを得なかったのである。

2

これまで反省の段階の一般的性格を明らかにしてきた。ペスタロッチーが説明した実例をより詳細に考察すると、熟考は三つの異なる次元において展開されることが分かる。ペスタロッチーが子供たちと行った一連の対話は、施設の共同体における諸々の体験と経験に直接向けられており、そこから共同の生活をもった現在のために引き出さねばならない帰結に向けられている(38頁11行目から39頁3行目まで、48頁3行目から52頁12行目まで)。確かに他の熟考は子供たちの現在から出発するが、それはそこにとどまるのではなくて、子供たちへのまなざしを意識的に彼ら自身の未来へと導き、希望や願望や期待を彼らのなかに目覚まそうとする(39頁8行目から40頁8行目まで、52頁13行目から54頁6行目まで)。ペスタロッチーはここで意識的に、未来の観点を「生き生きとした像」(53頁1行目)の形で子供たちの精神的なまなざしの前に提供する手段に訴える。彼はこの関連において、徳は若者たちの希望や期待を教育者の目標設定や方策との一致から芽生えると語っている(40頁6行目以下)。その際、ペスタロッチーが子供たちに示した未来の可能性は、決して理想的な一般的社会秩序あるいは非常な道徳的実存のユートピア的な企てではなくて、「貧困」という運命的に与えられたとみなされる階級の領域における単純なメカニズムのまったく具体的な導きの像である。その観点のマカレンコ教育学に対する一致と相違は明白である。

倫理的な熟考の第三の形式は、シュタンツだよりのなかでは端緒が認められるにすぎない。われわれは、模範的な道徳的行為の具体的な実例を示唆したつもりである[14]。ペスタロッチーはかつて、グラウヴェンデンからの幾人かの難民が、子供たちに与えた無私の援助を注目させたとき、彼らがいかに心から感動したかを書いている(41頁14行目以下)。ここで、子供たちの固有の道徳的経験と同様の現実経験に結びついて、物語の実例、つまり歴史的または詩的に作られた例もまた、道徳教育において正当な機能をもっているのではないか、という問いに結びついているのは明白であろう。ペスタロッチーが子供たちの未来の生活の可能性についての生き生きとした像をこころに描くことについて語っていることを思い起こすならば、彼はこの問いを肯定したであろうことが推測されよう。ここでヘルバルトの「世界の美的表現」に対するペスタロッチー理論の関係は、ペスタロッチー以前および以後の教育学一般に対する関係と同様に、まさにそのことと結びつくであろう。それとともに、物語や文学的に確定された例による道徳教育のあらゆる試みに、道徳教育の全体関連におけるまったく限られた一定の場所が与えられるであろう。

(3) 教授経験と教授原理

シュタンツだよりの最後の数ページで、ペスタロッチーは彼の教授実験について報告し、いくつかの教授原理を展開している。だが手紙のこの部分に相応しいのは、若干の端緒においてのみである。それは、道徳教育の説明を特徴づける精神的な深い歩みの徹底においてではない。ペスタロッチーの教授理論は、ここではなお発展の出発点の段階にある。それは後の数十年のなかで非常に強力に遂行されることになる。

ペスタロッチーは彼の手紙の冒頭で、公の教育を家庭教育の模倣に義務づけようとした。彼の努力の将来目標として重要だったのは、「教授手段の単純化」(65頁4行目―すなわちここでは学習内容のこと)ということである。それは両親、特に母親が子供たちを書くこと、読むこと、計算すること、ならびに「直観教授」そのものの出発点ともいうべき基礎へと導くものである。この結果、一日の最初の教授は、まったく家族に委ねられることができよう(65頁4行目以下)。この思想はなんといってもペスタロッチーにとって重要な企てから発している。つまり要素の原理、すなわち、基礎的なものや解明的なものへの集中、それを彼は、いまや知的陶冶の領域においても展開するために天才的な構想のなかで、さしあたり道徳教育に対して展開したのである。ペスタロッチーがその際、学習を道徳教育の関連のなかに組み入れようとし、それを原則的に労作教育と結合したことは、以前にすでに述べたことである。

教授に関するペスタロッチーの説明のなかには、二つの根本傾向が交差している。その本質的な相違を、彼は認識しなかった。その一つは、彼の実践的な試みを機能的陶冶の理論によって基礎づけようとすることである。それは筋肉(身体的運動―訳者注)の類推によって表現できないものであり、注意や思考や記憶などの精神的な行為様式によって理解される。しかもこの行為様式は、それ自体練習されねばならず、そこでは内容は単なる練習材料の役割でしかない(59頁13行目以下、58頁13行目以下参照)。ペスタロッチーがこうした力の陶冶の構築において中心的な機能を与えようとしたのは、記憶である。現に、記憶が「他の精神力も活動させ」ることができる、と彼は信じている(66頁11行目以下、66頁8行目以下、63頁2行目以下参照)。これは明らかに誤った解釈である。それは道徳的情調や道徳的現実経験が基礎をなす道徳教育の段階論とは鋭く対立するからである(特に66頁11行目以下で明白)。

他の根本傾向―ペスタロッチーが機能的な力の陶冶の手段とみなし、実際まったく独立した端緒である―は、要素的なものへの還元である。ペスタロッチーのプログラム、つまり「読み方の基本的な組み合わせ」(61頁11行目以下、62頁4行目)、「単純な基本的な組み合わせ」(61頁8行目)、「他の多くの根本特徴を含んでいる」(62頁6行目以下)書くことにおける最初の綴り、最後に体系的に段階づけられた学習過程の構成原理に対する試み等は、たとえシュタンツでの実現が十分でなかったとしても、価値がないわけではない。しかし、例えば読み方において、意味づけを行うのに断片的な文字や音声へと立ち返り、たえず材料の方から教授過程を展開しようとする試みを行っており、この点でペスタロッチーは誤りを犯している(60頁12行目以下)。教授過程が、諸教科のなかで暗記的に学習される名称系列から始まっているのである(63頁1行目以下)。ペスタロッチーの後期の著作においてこの全思想圏の更なる発展が見られるが、ここにおいて初めて芽生えた「知的陶冶」の理念について本来の内容が示されるのである[15]。

注

1　シュタンツだよりの主要な思想をかいつまんで描写したものは、ペスタロッチーの数多くの叙述のなかに見出される。いくつかの主要な思想の説明に限られている多くの解釈のなかで、以下のものが取り上げられる。H. Wittig: Reform der sittlichen Erziehung, Wolfenbüttel. 1947, 特にS.30-35.（Studien zur Anthropologie Pestalozzis, Weinheim 1952. 参照）—W. Flitner: Anhang zu seiner Ausgabe "Pestalozzi. Ausgewählte Schriften", Düseeldorf und München 1954, S.242-245; 同著: Die vier Quellen des Volksschulgedankens, 6. Aufl. Stuttgart 1966—F. Blättner: Geschichte der Pädagogik, 13. Aufl. Heidelberg 1968, S.132ff. —K. Silber: Pestalozzi, Heidelberg 1957, S.108-114.

2 人間学—当初は教育学的に方向づけられていない問題や思想との関連で、一般に後にはじめて教育に向けて解釈される—と教育理論—経験的な教育現実から出発した思想的努力—との関係は、ペスタロッチーに関して一度根本的な考察が必要である。ペスタロッチーの教育の実践と理論—とりわけシュタンツ時代とそれ以後の時代—は、直接先行の人間学から生じる、という拡大した見解があるが、これが正しいかどうかは全く疑わしい。その証拠として、ここでは以下のような例が挙げられよう。すなわち『探究』において、ペスタロッチーは人間学的熟考に基づいて、子供に関して—人間生活における幸せや成功は道徳的な奉仕と厳密に一致することを叙述する—有益な思い違いの教育学が必要だと信じている。ペスタロッチーの実践、とりわけシュタンツにおける実践ならびにこの実践から展開された理論は、私の見るのが正しければ、こうした重大な問題を含む「思い違いの教育」に対して全くその片鱗さえ見えない。

3 引用されたものの正書法と句読法は、今日一般に統一されている。括弧内の数字は、以下のように読むことができる。例えば、3,21は、3頁21行を意味している。われわれの原書でその都度二つの頁と行の指示は、—通常はセミコロンによって—本冊子の第一部におけるシュタンツだよりで用いた表示と一致している。

4 Pestalozzi Sämtlichie Briefe, Zürich 1946ff., S.20f. H. Morf: Zur Bibliographie Pestalozzis, Winterthur 1886ff., Bd. 1, S. 171. Vgl. K. Silber: Pestalozzi, a.a.O., S. 111.

5 Vgl. K. Silber, a.a.O., S. 217.

6 ペスタロッチーの教育学的思考は固定的で階級的な社会秩序のモデルで構成されており、このため、現在の教育状況の根本問題をペスタロッチーの思想過程に基づいて解明することの難しさがある。

7 W. Father Flanagan, J. Langermann などが置かれているとみなした教育状況が、ペスタロッチーやマカレンコのそれと、どの程度比較されるかが考察されねばならないだろう。

8 今日頻繁に現れている放置のモデルにおいて、家庭の経済的な裕福にうんざりしたため、両親との人格的な接触の欠如、若者たちに充満した生活内容の欠如等が示されているが、こうした点はシュタンツの子供たちには見られない。

9 宗派の問題は―私が見るかぎりでは―ペスタロッチーの他の著作においても、教育学的問題としてどこにも現れていない。

10 ここでE. Wenigerが一九四九年に書いた論文、現在では『理論と実践における教育の独自性』における次のような命題と比較して欲しい。「キリスト的教育者、それゆえ真面目にキリスト者であろうとし、その責任をその全権と信頼と同様にこのキリスト的存在から導き出そうとする人に求められることは、彼がキリスト的教示が受け入れられない場合に以下のことを断念できないということである。すなわち、彼は必要であればキリスト後の信仰を失った人類の具体的な状況において、まず第一に彼にとって本来的なものについて沈黙しなければならない場合に、彼の側に赴くべきである。また、このような非キリスト的人間とともに、少なくとも彼らにとって可能な世俗内的な成熟へと手助けするために、教育的関係のなかへ入っていくことができる。彼は直接的なお告げや神学上の論駁や弁明を放棄できなければならず、人間的なもの、単純な人間性を求める努力に無条件に身を捧げることができねばならない(一二二頁、同書三六二頁以下参照)。

11 まず「私のこのような場合のやり方……」からはじまる次の文章は、「この場合のような」という推量形から分かるように、特に兄弟姉妹関係を築く課題に言及しているのではなく、完全にペスタロッチー的理論と言える道徳的基礎陶冶の第一のまとめをしている。この意味で一部はすでに引用され、一部は後に語られるであろう。

12 道徳的、社会的教育の実践は、今日しばしば決定的にシュタンツで開示された観点に結びついている。そのことは、学校教育よりもむしろ家庭教育に当てはまる―ここにまた家庭的な親密さの危険と最上の学級の精神や最上の「学校共同体」の限界がある―若者集団における志願者教育よりハイム教育に、国民教育より宗派的、世界観的、階級的な、あるいは閉ざされたままの教育共同体に当てはまる。今日、まさに私の見るところでは、道徳教育の尺度は原則的に普遍である。すなわち、すべての人間を包括しなければならない、ということをめぐるペスタロッチーの知識を改めることが妥当である。この点で、J. Dewey の教育学的主著『民主主義と教育』Braunschweig の翻訳、一九四九年、一三五頁を参照せよ。

13 30頁36行目(訳書六六頁四行目以下―訳者注)の文章が明白に示していることは、この結びつきはまだ意味関連から展開されるべきではなく、機械化された作業のあいだのまさに機械的な学習と考えられた、ということである。

14　この形式は、暗に子供たちに対するペスタロッチーの行為から出ている模範―作用とは明らかに区別されなければならない。

15　それについては、W. Klafki: Das Pädagogische Problem des Elementaren und die Thorie der kategorialen Bildung, 3./4. Aufl. Weinheim 1964. 特に第一章「ペスタロッチーの基礎陶冶論」を参照のこと。

改訂版あとがき

本訳書の初版が公にされて七年余りになる。その間に多くの読者から暖かいご意見が寄せられ、好意的な評価もいただいた。しかし繰り返し読み直しているうちに、意味の曖昧な箇所や訳語の不統一、誤訳や脱字が発見され、できるだけ早いうちに修正する機会があればと願っていた。この機会に原書とも照合し、可能な限りの修正を加えたつもりである。

この七年余りのあいだに、教育を取り巻く状況も大きく変化した。最近の少年をめぐる事件や大人社会に深く進行している無責任、道徳的退廃の露呈といった深刻な事態のなかで、教育界もまた混迷を極めている。このような状況のなかで、われわれは教育の本源に立ち返り、真実の教育を問い直す必要に迫られている。本訳書を通して、ペスタロッチーが語りかけているものに素直に耳を傾けることによって、時代を超えて教育の普遍の真理に触れることが出来るのではなかろうか。

学術図書の出版が極めて困難ななかを、あえて本訳書の改訂を快くお引き受けいただいた東信堂の下田勝司社長に感謝を申し上げる次第である。

平成一五年一二月

訳　者

訳者あとがき

本書は、ペスタロッチーの『シュタンツ滞在について一人の友人に宛てた手紙』(Brief an einen Freund über seinen Aufenthalt in Stans, 1799)に、ヴォルフガング・クラフキー(Wolfgang Klafki, 1927-)による解釈を付した著作の全訳である。原著の表題は“**Pestalozzi über seine Anstalt in Stans. Mit einer Interpretation von Wolfgang Klafki** (6. Auflage Beltz Verlag 1992)”であるが、著者の了解を得て日本の読者にわかりやすいように表題を若干改めた。

また、原著の引用文に批判版全集第一三巻からの頁・行数字が付されているが、本書では訳書の引用頁・行数字のみを付した。

なお、『シュタンツだより』の訳書としては、次のようなものがすでに公刊されている。本書の訳出にあたっては、それらをできるだけ参考にした。

長田新訳『シュタンツだより』(ペスタロッチー全集第七巻　平凡社　一九七〇年)。
同訳『隠者の夕暮・シュタンツだより』(岩波書店　一九五四年)。
長尾十三二他訳『シュタンツ便り他』(明治図書　一九八〇年)。
前原寿・石橋哲成訳『ゲルトルート教育法・シュタンツだより』(玉川大学出版部　一九八七年)。

ペスタロッチーの『シュタンツだより』は、短編ながら、数多くの彼の著作のなかでもきわめて注目すべき著作の一つである。この著作は、これまで教育実践記録として、また愛の教育精神の発露として、しばしば引用されてきた。しかし、この著作のもつ意味やその内容については、これまでメトーデへの出発点ないし転換点を示すものとして指摘されてはいるが、必ずしも十分な解明がなされてきたとは言いがたい。

本書において、クラフキーによってはじめて、この著作が正面から取り上げられ、この著作のもつ意味とともに、その内容についての体系的な解釈が施された。特に、この著作を単なる実践記録としてではなく、そのなかに内包された深い教育の思想を厳密に分析、解明したところに、クラフキーの解釈ならではのものが見られる。

シュタンツの実践は、クラフキーも言うように、「教育的限界状況」にあったとはいえ、いや、それだからこそそこに教育の根源的なものが開示された。この著作のなかで、特に道徳教育論が中心的に展開されるが、それが後の「方法《メトーデ》」の思想形成の一つの大きな要因になっているということである。この意味において、この著作は単にその実践記録としての意味だけでなく、その実践を根底において支えている教育の思想を解明する上で、きわめて大きな意味をもつものと言わねばならない。

この著作の内容の体系的な解釈をとおして、クラフキーはペスタロッチーの教育思想、とりわけ道徳的・社会的教育の問題をとりあげた。この問題は、「社会的関係において道徳的自己責任をもつ人格への発達が教育学的に支援されるべきもの」(日本語版への序)として理解されている。すなわち、「個々人の道徳的・社会的自立、つまり道徳的自己責任を社会的つながりの関連のなかで喚起すること」つまり「自己自身の作品」(『探究』)になることができる可能性を喚起することである。この点は、今日の精神分析的プログラムとの結びつきも指摘されており、ペスタロッチー教育思想の近代性を示すものとしても評価されている。もちろん、その道徳的規範の歴史性の問題、および道徳教育と政治教育の関係についての批判的吟味の必要性が、ここで指摘されている(一九七五年の序)。これらの点に関しては、拙著『ペスタロッチー教育思想の研究』(福村出版一九九三年)も参照して欲しい。

クラフキーも詳細に分析を試みているように、『シュタンツだより』の中心的な主題は、道徳教育の方法である。そこでは三つの段階が分けられている。すなわち、道徳的情調の覚醒の段階、道徳的行為の段階、そして道徳的反省の段階である。これら三つの段階について、具体的な実践的事例を基にして詳細な解釈が展開されている。この点について、日本語版の序では、「道徳的・社会的教育における三つの要素の関連についてのペスタロッチーの認識」として、(一)信頼的、支持的な愛の経験、(二)自己の行為における可能性の吟味、(三)行為経験の反省、があげられている。この三つの要素の関連についての認識の限界、とくに批判的反省が道徳的規範の構成的要因とみなされていないという点が指摘されている。

これとは別に、「共同性や責任ある判断力や行為力への教育」(日本語版への序)もまた、重要な要素としてとりあげられる。このことは、戦争で「家庭的な生活関連」から引き裂かれてしまった孤児たちに対するペスタロッチーの人格としての傾注からも明らかである。この最初の「父親」としての結びつき、依存関係から少しずつ離れ、自立し、最終的には子供たち相互の関係からなる共同生活をめざした点である。この意味で、「公正な共同体」の概念をもとに道徳的意識の合法則的な連続の理論を展開したコールバーグとの比較の必要も示唆されている。ペスタロッチーの道徳的・社会的教育の今日的意義と限界を見る上で、特に興味深い。

「道徳的・社会的教育は、子供や青年の経験というものを前提としている。それは、一人ないし幾人かの関係者が彼らの側に立って取り組むなかで、彼らを人格とみなし、まじめに受け入れ、彼らに信頼を捧げ、護り、彼らの基本的要求をその都度与えられた条件のもとで可能なかぎり十分に満足させようとすることである。このような基礎のうえにはじめて、若ものたちに社会的・道徳的諸要求を課すことができるし、また課していかねばならない。また道徳的課題をも彼らに要求しなければならない。この結果、彼らはこうした課題を達成することができ、彼らの道徳的能力への信頼、すなわち道徳的自己信頼を獲得することができるのである」(日本語版への序より)。

教育概念が混迷をきわめている今日、この文章が教育のほんらいのあり方を考える手助けになるであろう。

本書は、私のこれまでのペスタロッチー研究の歩みのなかで特にこころに留めてきた書物の一つである。マールブルク大学のクラフキー教授とのこれまでの長い交わりのなかで、かねがね本書を日本の読者に紹介したいと思ってきた。幸い一昨年から昨年にかけて教授のもとで研究する機会が得られたので私の意向を伝えたところ、快く承諾していただいた。本書を通じ、クラフキー教授の学恩に少しでも報いることができればと思う。

原文に忠実な訳出をこころがけたつもりではあるが、理解しがたい箇所や思いがけない誤訳があるかもしれない。読者の忌憚のないご批判を仰ぎたい。

本書がわが国のペスタロッチー研究者だけでなく、教育界の多くの読者に迎えられ、真実の教育について考えていただく一助となれば幸いである。

最後に、本書の刊行を快くお引受けいただいた東信堂の下田社長に、こころからお礼を申し上げたい。

平成八年一一月三日　文化の日

訳　者

索　引

【ア行】
愛　Liebe ……8,27,30,37,38,46,58,88,91,92,94,95,97,100,101,104,112,134,136
　——の確信　Überzeugung der Liebe ……58
　——と善行　Liebe und Wohltätigkeit ……38,97,100,112
愛着と帰依　Anhängigkeit und Zuneigung ……34,101
アルガウ　Argau ……19
アルタナティフ・シューレ　Alternativschule ……7
アルトドルフ　Altdorf ……40,81,101
意志の練習Übungen der Willen ……111
居間 Wohnstube……26,67,93
ヴィンターハーガー・シュミット　Winterhager-Schmid, L. ……7,8
ウンターヴァルデン　Unterwalden ……20,76

【カ行】
階級教育 Ständeserziehung……85
疥癬　Krätze ……21
外的な教育手段　äußeres Erziehungsmittel ……20,87
覚醒　Erweckung ……93,99,104,136
学習と労働　Lernen und Arbeiten ……59
下層階級　niedere Stände ……84
課題解決を行う　abarbeiten ……5
かたくなさや粗暴さ　Härte und Rohheit ……44,112
学校教育　Schulbildung ……93
学校共同体　Schulgemeinde ……128
家庭教育　häusliche Erziehung ……25,80,123
家庭的関係　häusliche Verhältnisse ……23,26,47,91,92,93
　——環境　häusliche Umgebungen ……23,91,93
　——精神　häuslicher Geist ……58,92
　——共同体　Hausgemeinde……114
家庭的な自立　häusliche selfständigkeit ……49,105,114
家庭の単純な精神　einfache Geist einer Haushaltung ……37,104
感覚的に直観する　sinnlich anchauuen……53

環境教育学　Milieupädagogik……92,102
感情を呼び起こすこと　Erweckung des Gefühls……42
期待　Erwartung……28,40,95,121
機能的陶冶　funktionale Bildung……124
技能　Fertigkeiten……39,113
教育共同体　Erziehungsgemeinschaft……102,104,107,120
『教育詩』　Pädagogisches Poem……88
教育的な愛　pädagogische Liebe……92
教育的限界状況　pädagogische Grenzsituation……87,88,89,90,127,134
教授過程　Lehrgänge……58,125
教授手段の単純化　Vereinfachung des Lehrmittels……65,66,123
郷土教育　Heimatkunde……93
グルニーゲル　Gurnigel……78
グロックゼー学校　Glocksee-Schu1e……7
敬虔派　Pietismus……105
啓蒙　Aufklärung……105
　――主義　Aufklärung……116
　――の合理主義　Rationalisumus der Aufklärung……105
ゲディッケの読本　Gedicke's Lesebuch……58,60,63
権利や正義の感情　Rechts- und Billigkeitsgefühl……47
高貴なもの　Edeln……44,109
公正な共同体　gerechte Gemeinschaft……10,136
　――学校協同　gerechte Schul-Kooperative……11
コールバーグ　Koh1berg, L.……10,11,136
こころを開く　Weitherzigmachen……37,50,99,100,102,103
克己　Selbstüberwindung……47,103
　――の練習　Übung der Selbstüberwindung……42,47,99,103,105,109,110,111
　――による練習　Übung durch Selbstüberwindung……99,105,109
古典的　k1assisch……4,5,8
　――なもの　Klassisch……4
　――作品　klassische Werke……4
古典的人物　Klassiker……4,5
　――本位の授業　wortreicher Unterricht……55
ゴーリキ・コローニア　Gorki-Kolonie……88
困窮　Not……42,51,52,54,91,119,120

【サ行】
ザイファルト版　Seyffarthische Ausgabe……79
自己自身の作品　Werk meiner selbst……7,8,107,135

自然な関係 Naturverhältniss ……58
自然の作品 Werk der Natur ……7
事物の最も本質的な関係 wesentlichste Verhältnisse der Dinge ……23,91
社会的教育 soziale Erziehug ……70
社会の作品 Werk der Gesellschaft ……7
宗教的不協和 religiöse Mißstimmung ……28,89
——不信 religiöses Mißtrauen ……28,89
シュタッパー Stapfer, P. A. ……19,76,78
純粋な感情の単純さ Einfachheit reiner Gefühle ……44
生涯の大きな夢 großer Traum meines Lebens ……20,83
処罰 Strafen ……45,48,81,107,111,112
醇化(する) Veredelung(veredeln) ……36,57,102
情調 Gemütstimmung ……37,44,45,54,102
信頼 Vertrauen ……16,27,34,35,100,104,113
真理と正義 Wahrheit und Recht ……54,55,119
真理や正義の感情 Gefühl der Wahrheit und Recht ……56,119
生活圏 Lebenskreis ……47,86,117
正義や道徳の感情 Gefühl der Recht und Sittlichkeit ……37,47,98
政治的不協和 politische Mißstimmung ……28
政治的ペスタロッチー der politischer Pestalozzi ……72
精神力 Seelenkräfte ……60,66,67
——の調和 Harmonie der Seelenkräfte ……56,66,116
生の悦楽 Lebensgenießungen ……57,117
「世界の美的表現」'ästetische Darstellung der Welt' ……122
善 Gut ……26,27,28,30,44,53,95,98,109
粗野 Rohheit ……22,23,25,36,104

【タ行】

体罰 körperlische Strafen ……44,45,112
タクト Takt ……55,118
多面的な配慮 allseitige Besorgung ……16,27,80,100,103
『探究』"Nachforchungen" ……7,74,107,126,135
単純な精神 einfacher Geist ……63
力の陶冶 Kraftbildung ……124
父親の力 Vaterkraft ……26,93,100
知識と技能 Kenntnisse und Fertigkeiten ……39
知的陶冶 intellektuelle Bildung ……124,125
中間階級 mittere Stände ……85
直観 Anschauung ……23,25,47,50,53,91

直観教授　Anschauungsunterricht……123
直観的な経験　anschauliche Erfahrung……55
——な認識　anschauliche Erkenntnis……60
沈黙　Stille……28,42,43,109,110,118,128
綴り方　Buchstabieren……62
ツルトマン　Truttmann, I.……68
デューイ　Dewey, J.……128
道徳教育の本質および方法　Wesen und Zweck der sittlichen Bildung……75
道徳教育の方法　Methode der sittlichen Erziehung……70,95,96
道徳的・社会的教育　sittlich-soziale Erziehung
……5-9,11,70,71,72,73,135,136,137
——自立　sittlich-soziale Selbtständigkeit……7,136
道徳的自己信頼　moralisches Selbstvertrauen……6,137
道徳的自己責任　moralische Selbstverantwortlichkeit……6,7,135
——技能　tugendhafte Fertigkeiten……43,105,110
——陶冶　sittliche Bildung……43,111
——基礎陶冶　sittliche Elemetarbildung……47,97,98,102,104
——情調　sittliche Gemüthstimmung
……47,99,100,102,104,108,110,124
——な知見　sittliche Ansicht……38,47,98,116
——情調の覚醒　sittliche Erweckung……104,136
——な経験　sittliche Erfahlung……106

【ナ行】

内面的な力　innere Kraft……40
内面の醇化　Inneres zu veredeln……36,102
ニーデラー　Niederer, J.……79
人間教育　Menschenerziehung……26
「人間教育週報」Wochenschrift für Menschenbildung……78
人間性　menschliche Natur……18,83,87
人間の認識と知識　menschliche Erkentnisse und des Wissens……57
人間の本性の諸力　Kräfte der menschlichen Natur……22
ノイホーフ　Neuhof……82,85,87,115

【ハ行】

母親のまなざし　Mutterauge……93,100
汎愛派の功利主義　Utilitanismus der Philanthropen……105
ピアジェ　Piaget, J.……10
批判版　Kritische Ausgabe……79

貧困 Armut ……20,39,52,85,86,122
ビンタ Ohlfeige ……46,49
貧民 Armen ……22,83,85,117
貧民教育 Armenerziehung ……83
——施設 Armenerziehungsanstalt ……77
フィッシャー Fischer, J. R. ……78
フランス革命 französische Revolution ……18,83
フロイト Freud, S. ……8
ヘーゲル Hegel, G. W. F. ……5
ペーターゼン Petersen, P. ……102
ヘルヴェチア共和国 Hervetische Republik ……76
——国民新聞 Hervetisches Volksblatt ……76
ヘルバルト Herbart, J. F. ……122
ヘルバルト主義 Herbartianismus ……116
放置 Verwahrlosung ……18,79,80,83,84,87,88,89,91,93,100
方法(メトーデ) Methode ……70,135

【マ行】

マカレンコ Makalenko, A. S. ……88,122
民衆教育 Volkserziehung ……18,84,85,86
民衆教育者 Volkserzieher ……86
『民主主義と教育』Demokratie und Erziehung ……128
命題 Lehrsatz ……55,56,119
名誉 Ehre ……27,95

【ラ行】

リベラルな教育 liberale Erziehung ……49
『リーンハルトとゲルトルート』"Lienhard und Gertrud" ……19
ルソー Rousseau, J. -J. ……93
ルグラン Legrand, J. I. ……19,76
レドル Redl, F. ……8
レンガー Rengger, A. ……19,20,76
労作教育 Arbeiterziehung ……87,124

著者紹介

ヴォルフガング・クラフキー（Wolfgang Klafki）

1927年東プロイセンのアンゲルベルクに生まれる。ハノーファ教育大学を卒業して6年間国民学校教師をつとめた後、ゲッチンゲン大学で教育学、哲学およびドイツ学を学ぶ。1957年、E・ヴェニガーのもとでDr.Phil.を取得。ハノーファ大学、ミュンスター大学を経て、1963年マルブルク大学教育学教授。主要研究分野は、学校教育学・教授学、教育科学のメタ理論、近代以降の教育問題史研究。

主要著書　*Das pädagogische Problem des Elementaren und die Theorie der Kategorialen Bildung*, Weinheim 1959. *Studien zur Bildungstheorie und Didaktik*, Weinheim 1963. *Aspekte Kritisch-konstruktiver Erziehungswissenschaft*, Weinheim 1976. *Die Pädagogik Theodor Litts*, Scriptor 1982.

訳者紹介

森川　直（もりかわ　なおし）

1945年石川県に生まれる。1972年広島大学大学院修了、1974年上智大学講師を経て、現在岡山大学教育学部教授。教育哲学、教育思想史専攻、教育学博士。

著　書　『ペスタロッチー教育思想の研究』福村出版、1993年　他

訳　書　W・クラフキー著　小笠原道雄監訳『批判的・構成的教育学』黎明書房、1983年　他

ペスタロッチーのシュタンツだより――クラフキーの解釈付き［改訂版］

2004年 6月10日　初　版第1刷発行　＊定価はカバーに表示してあります

〔検印省略〕

印刷・製本　中央精版印刷

東京都文京区向丘1-20-6　郵便振替 00110-6-37828

〒113-0023　TEL (03) 3818-5521(代)　FAX (03) 3818-5514

発行所　株式会社 東信堂

Published by **TOSHINDO PUBLISHING CO., LTD.**

1-20-6, Mukougaoka, Bukyo-ku, Tokyo, 113-0023, Japan

ISBN4-88713-562-9 C3037 ¥2000E ©Naoshi Morikawa

東信堂

〔世界美術双書〕

バルビゾン派	井出洋一郎	二〇〇〇円
キリスト教シンボル図典	中森義宗	二三〇〇円
パルテノンとギリシア陶器	関　隆志	二三〇〇円
中国の版画—唐代から清代まで	小林宏光	二三〇〇円
象徴主義—モダニズムへの警鐘	中村隆夫	二三〇〇円
中国の仏教美術—後漢代から元代まで	久野美樹	二三〇〇円
セザンヌとその時代	浅野春男	二三〇〇円
日本の南画	武田光一	二三〇〇円
画家とふるさと	小林　忠	二三〇〇円
ドイツの国民記念碑—一八一三年—一九一三年	大原まゆみ	二三〇〇円

〔芸術学叢書〕

芸術理論の現在—モダニズムから	藤枝晃雄・谷川　渥編著	三八〇〇円
絵画論を超えて	尾崎信一郎	四六〇〇円
幻影としての空間—図学からみた東西の絵画	小山清男	三七〇〇円

イタリア・ルネサンス事典	J・R・ヘイル編 中森義宗監訳	七八〇〇円
美術史の辞典	P・デューロ他 中森義宗・清水　忠訳	三六〇〇円
都市と文化財—アテネと大阪	関　隆志編	三八〇〇円
図像の世界—時・空を超えて	中森義宗	二五〇〇円
美学と現代美術の距離—アメリカにおけるその乖離と接近をめぐって	金　悠美	三八〇〇円
アメリカ映画における子どものイメージ—社会文化的分析	K・M・ジャクソン 牛渡　淳訳	二六〇〇円
キリスト教美術・建築事典	P・マレー／L・マレー 中森義宗監訳	続刊
芸術／批評　0号	責任編集 藤枝晃雄	一九〇〇円

〒113-0023　東京都文京区向丘１—20—６　☎03(3818)5521　FAX 03(3818)5514　振替 00110-6-37828
E-mail:tk203444@fsinet.or.jp

※定価：表示価格（本体）＋税